JN439636

이경애 수필집

물안개 너머로 봄은 다가와

물안개 너머로 봄은 다가와

이경애 수필집

1판 1쇄 인쇄/ 2015년 1월 10일
1판 1쇄 발행/ 2015년 1월 15일

지은이 / 이 경 애
펴낸이 / 우 희 정
펴낸곳 / 도서출판 소소리

등록 / 제300-2007-21호
주소 110-521 서울 종로구 명륜동 1가 33-90
경주이씨 중앙회빌딩 302-1호
전화 / 765-5663, 010-4265-5663
e-mail: sosori39@hanmail.net
www.sosori.net

값 10,000 원

*잘못된 책은 바꿔드립니다.

ISBN 978-89-97294-86-2 03810

물안개 너머로 봄은 다가와

이경애 수필집

책을 내면서

겨울이 눈발을 타고 나부낍니다.

날은 춥지만, 보고 있는 마음은 훈훈합니다. 겨울이 되면 나는 눈을 기다립니다. 조물주의 숨겨 둔 마법으로 순백의 세상이 만들어지면 나의 눈과 마음도 정화될 것 같기 때문입니다.

내게 문학은 새로운 세상이었습니다.

추워도 따뜻할 수 있는…, 숲 속의 맑은 물 같은…, 세상을 온통 하얗게 덮어 천상의 세계를 만드는 눈 같은 존재였습니다.

누가 오라 가라 하지 않은, 스스로 들어선 외로운 이민의 길에서, 놓고 살았던 내 본래의 꿈의 끝을 우연히 발견하게 된 것은 참으로 다행스러운 일이었습니다.

이 책은 문단에 등단한 지 6년 만에 내는 첫 수필집입니다. 20여 년의 이민의 삶을 살며, 보고 느낀 이방(異邦)의 이야기들과, 한국말을 쓰는 이민 1세로써 마음은 늘 고국에 가 있는 그리움을 담았습니다. 어린 손주들 곁에서 그들의 맑은 순수를 글로 담기도 하였습니다.

미국에 살다보니 이름도 미국식으로 남편 성을 따라 민경애로 작품활동을 하였습니다. 이제, 작품집을 내면서 내 본 이름을 써야겠다는 생각으로 이경애로 하기로 했습니다.

여기까지 있게 하신 이에게 감사하며, 지금은 모두 안 계시지만 나를 낳고 키워주신 부모님께, 그리고 사랑으로 응원해 준 친구들과 지인들께 감사의 말 전하고 싶습니다. 서평을 써 주신 정목일 한국수필가협회 이사장님, 정성껏 책을 만들어 주신 소소리출판사에도 감사를 드립니다. 나의 사랑하는 가족, 특별히 남편에게 고마움을 전합니다.

2015년 새해, 미국 뉴저지에서

저자 **이경애**

1. 거위소동

2. 나이 먹기

3. 가을 수채화

4. 길 위의 꽃

5. 아이들이 사는 세상

1.

거위소동

거위소동

노란 개나리꽃이 환하게 피어오르던 초봄, 건장한 수컷거위가 볼품없이 빛바랜 갈색 털을 가진 암컷거위를 따라 다녔다. 그리고 둘은 사랑에 빠졌다. 그들이 어디에 알을 품을까 궁리하다 정한 곳이 하필이면 교회 주차장 사이에 있는 좁은 화단이었다. 그것도 차들이 빈번히 들고 나는 곳에…. 아마도 그 결정은 주중에 정한 듯하다. 교회 주차장은 주중에는 아주 조용하기 때문이다.

암컷거위가 웅크리고 앉아 알을 품고 있다. 그 앞에, 지나는 차나 사람을 향해 꽥꽥거리는 수컷거위가 버티고 섰다. 눈썹을 치켜올리고 벌건 혀를 길게 내밀어서 목구멍 깊은 데서부터 끌어올린 거친 베이스 음으로 "궤에엑, 궤에엑" 하고 있다. 제 딴에는 제일 험한 얼굴로 사람들을 위협하여 누구든 내 가족을 건드리는 자, 가만 두지 않겠다는 뜻을 나타내려는 것 같았다. 용감한 수컷거위 때문일까? 주위의 소란스러움에도 알을 품은 암컷거위의 눈빛은 평온해보였다. 그의 관심은 오직 자신의 품안에 있는 알에만 있는 듯한 모습이었다.

기온이 갑자기 떨어진 어느 추운 저녁, 교회에 갔다가 본 그들은 똑같은 모습으로 암컷거위는 그대로 알을 품고 있었고 수컷거위는 여전히 지나는 사람들에게 먼저 쫓아가 꽥꽥 위협하고 있었다. 그의 목소리는 이미 쉬어 있었다. 무얼 먹는 모습을 한 번도 보지 못했다.

얼마 후, 교회내엔 거위 조심하라는 얘기가 자자히 들렸다. 수컷거위가 차에서 내리는 어떤 이의 머리를 쪼았다는 말도 있고, 그 앞을 지나다 수컷거위에게 다리를 쪼여 스타킹이 뚫어졌다는 얘기도 들렸다. 무엇보다도 철없는 아이들이 그들에게 다가가 다치지나 않을까 염려스러웠다. 이 수컷거위의 시위는 사람들에게 공포의 대상이 되기에 이르렀다. 교회에서는 경찰에 연락해 그들을 다른 곳으로 옮길 수 있을지 문의해봤지만 경찰도 그들을 옮길 수 없다 했다. 동물보호가 철저한 이 나라에서, 더구나 알을 품은 그들을 옮길 수 없다함은 당연하다 싶겠지만 나는 좀 이해가 어려웠다.

급기야, 그 거위들 주변에 큰 쓰레기통을 사방에 세워놓고 넓은 테잎을 둘러쳐 '위험, 접근 금지' 사인을 여러 개 내걸었다. 교회학교 선생님들은 아이들에게 그 거위 주변에 가까이 가지 말라는 주의를 여러 번 주었다. 암컷거위가 처음 알을 품을 무렵, 장난꾸러기 아이들이 긴 나뭇가지로 알을 품고 있는 그 암컷거위를 건드렸다가 수컷거위에게 쫓겨 달아난 적이 있다고 한다. 그 이후 그 수컷거위는 사람만 보면 먼저 공격을 하게 된 것 같다. 부슬 부슬 내리는 빗속에, 자신보다 몇 배나 덩치가 큰 사람의 공격에서 가족을 지키려는 수컷거위의 모습이 처연해 보이기까지 했다.

가족은 가장 소중한 이름이다. 그 어떤 희생도 억울하지 않은, 아무리 퍼내어도 다시 고이는 사랑, 주고 또 주어도 다 준 것 같지 않은 것, 그것이 가족 사랑이리라. 혼자서 많은 적(?) 들과 대항하여 그들을 공포에 떨게 하는 듬직한 수컷거위의 모습이 가상하다. 비록 한낱 조류에 불과하나 그는 남편이며 아빠로서, 가장의 책임을 충실히 감당하고 있음을 본다.

한 반에 편부(偏父), 편모(偏母)의 아이들이 50%라는 이혼율 세계 1위의 이 미국에 살면서, 자신들의 욕망을 따라 쉽게 만나고 헤어지고, 가정이 허물어지는 이 세태를 저 거위 가족에 비추어 보게 된다. 여자가 한번 시집을 갔으면 그 집 귀신이 되도록 참고 살아야 한다는 남자들이 만든 옛 법도의 횡포로 갖은 고통을 감내할 수밖에 없었던 세상이 변한 것은 당연하다. 그러나 이 세대는 어쩔 수 없이 같이 살 수 없는 상황에서 갈라지는 것을 넘어, 그저 일상적인 작은 의견 하나 맞지 않으면 갈라서는 세상이 되었다.

죽은 것 같아 보이던 마른 나뭇가지마다 아기 손가락 같은 연한 새순이 뾰족 뾰족 돋아나오고 있다. 아무리 생각해도, 조물주의 기묘한 솜씨를 가늠할 수 없는 연둣빛 화창한 봄날에, 새 가정을 이루어 가정을 굳게 지키는 저 거위 부부로 인하여 더욱 행복해지는 기분이다. 내 차 곁으로 꽥꽥거리며 달려드는 수컷거위 곁을 조심스레 천천히 빠져 나오는데, 옆에 앉은 어린 손녀가 내게 묻는다.

"할머니, 베이비거위는 언제 나와요?" "응, 곧 나올 거야."

"그러면 베이비거위들이 줄을 지어서 엄마거위를 졸 졸 졸 따라가고 아빠거위는 그 뒤를 따라 가겠지?" "그래, 얼마나 이쁜 모습이겠니."

아이는 지난봄 동네 공원에서 보았던 노란 솜털이 보송송한 베이비거위들을 이끌고 가는 거위가족의 모습을 기억해 내고 있었다. 파이팅! 멋진 가장(家長) 거위! 너를 응원하고 있는 내 맘을 네가 알 수 있었으면 좋겠다. 가족은 세상에서 가장 아름다운 이름 아니겠니?

버 림

30분이면 되는 퇴근길이 7시간이나 걸렸다.

아파트 주차장에 파킹을 하면서 휴- 하고 내뱉은 긴 숨 속에 불안과 공포가 다 쏟아져 나가는 것 같았다. 단풍이 절정이어야 할 10월의 끝자락에 웬 폭설이…. 젖은 눈에 바람까지 불어 아직 떨구어낼 시기가 아닌 잎새들을 무겁게 내리 눌렀다.

부러지고 찢겨진 나뭇가지들이 눈 덮인 도로들을 막았다. 직장에서 팰리세이드 하이웨이로 들어가는 2마일도 안 되는 동네 길을 3시간 걸려 겨우 진입할 수 있었다. 이제 됐다 싶었는데, 얼마 안가 도로엔 차량들의 붉은 불빛이 꼬리를 물고 늘어서 있었다. 하이웨이를 깔고 넘어진 나무로 인해 경찰은 모든 차량들을 오던 길로 유턴해 도로 올라가게 했다.

'여기까지 어떻게 내려 왔는데 다시 올라가란 말인가. 오늘 밤

집에 못 돌아가게 되나?' 상황이 이렇게까지 될 줄은 예상하지 못했다. 그래도 갈 곳은 직장밖에 없었다. 직장이 있는 동네 길을 다시 들어섰는데, 이 길에도 넘어진 나무로 인하여 길이 아주 막혀 버렸다. 다른 길이 있을까 하여 아무 골목이나 들어갔다. 그러나 그 길도 막혀있어 수북이 눈 쌓인 골목길에서 나무가 치워져 길이 뚫리기만을 기다려야 했다. 경찰이 인부들을 데리고 나무를 치우고 있지만 언제나 길이 뚫리게 될지 불안하기만 했다. 밤은 깊고, 눈은 계속 퍼붓고 갑자기 두려움이 몰려왔다. 내 밋밋한 일상에 눈이 와서 자연의 변화를 보게 되는 것을 즐거워하곤 했는데, 이번 눈은 생명의 위협을 느낄 만큼 아찔한 폭설 대란인 것 같다. 운전대를 잡은 손이 떨리고 있었다.

남편과 아들에게 전화를 했다. 아들은 인터넷을 통해 집으로 오는 통행이 가능한 도로를 가르쳐 주었다. 나는 낯선 길을 쏟아지는 눈보라를 헤치며 아주 천천히 운전했다. 너무 무섭고 긴장하여 등에 진땀이 솟았다. 곳곳이 정전이 되어 칠흑같이 어두운 길도 있었다.

밤새 눈은 그치고 다음날 아침, 순하디순한 아침 해가 솟아올랐다. 금방 세수하고 나온 물기 어린 맑은 얼굴로, 어젯밤 무슨 일이 있었는지 도무지 모르겠다는 표정이다.

친구 시인에게서 전화가 왔다. 별 일 없었느냐는 안부전화였다. 나는 어제 겪은 공포의 귀가 대란을 이야기하며 다시 한 번 휴-하고 숨을 토해냈다.

"어쩌면, 조물주의 완전한 창조와 운행이 얼마나 완벽한가를 느꼈어요."

왜? 나무들이 겨울이 오기 전 모든 잎을 떨어뜨리고 맨 몸이 되는지 알 수 있었노라 했다. 그 말에 나도 공감하며 큰 깨달음을 얻는다. 겨울이 오기 전, 눈이 내리기 전, 모든 잎을 떨어 뜨려야 한다. 살기 위해 버려야한다. 버림은 생존을 위한 수단이었다. 새로운 창조를 기다리는 희망이었다.

자연은 새봄이 오면 다시 태어나리라는 창조주의 약속을 알고 있다. 그것은 창조주가 그의 피조물들을 향한 운행방식이며, 내가 가늠할 수 없는 그의 사랑법이었다. 유한한 인간은 보이 는 것만 본다. 한 순간, 찰나 뒤의 일을 알지 못하는 것이 인간 아닌가? 덕지덕지 붙어 있는 욕망의 추와 거적들이 삶을 무겁게 내리누르고, 상실과 좌절의 고통을 안겨준다.

이젠 벗어야 할 때다. 겨울을 맞는 나무처럼 하나하나 빛바랜 잎들을 떨어뜨려야 할 때다. 벌거벗은 나목처럼 누추한 저고리, 때 절어 무거워진 옷들을 벗고 맨 몸으로 서야하리라. 겨울 한파를 견딘 나목처럼 새봄이 오면 육신의 새싹을 피울 수는 없겠으나 마음은 아이처럼 순수하게 하늘을 비추는 호수처럼 말갛게 정화되고 싶다. 가벼워지고 싶다.

'무소유란 아무것도 갖지 않는 것이 아니라 불필요한 것을 갖지 않는 것'이라고 설파한 어느 스님의 정갈한 모습이 떠오른다.

행복한 신부

보통 파티 드레스로 보이는 우유빛 져지드레스를 들고 한 여자가 들어왔다. 불룩한 배를 보니 임신 8~9개월은 돼 보인다. 아줌마라 하기엔 아직 앳돼 보이는 20대 같았다. 우선, 조금 긴 치마 기장을 접어 핀을 꽂았다. 그런데 몸에 비해 드레스의 품이 너무 작아 지퍼가 올라갈 생각을 않았다. 억지로 끌어 올렸었는지 지퍼는 이미 찢어지고 망가져 있었다. '지퍼를 새로 달아도 다시 찢어지기 쉬울 것 같다'라는 내 설명에 '괜찮다'라며 그녀는 길게 숨을 모아 들여 마시고 상체를 위로 가늘게 뽑아 올린다. 신기하게도 삐져나오려는 살을 꾸겨 넣으며 지퍼는 올라갔다. 아직 상표가 달려있는 것을 보니 새로 산 것 같은데 매장에 오래 걸려 있던 건지 후줄근하니 때가 묻어 있었다. 가슴 아래 허리선에 반짝이는 장식으로 조그만 포인트를 준 외에는 너무 심플한 드레스였다. 그 포인트가 예쁘다는 내 말에 그녀는 입이 귀에 걸리게 좋아한다. 웨딩에 입을 거라는 말을 남기고 그녀는 갔다.

그녀에게 옆 솔기의 여분이 전혀 없어 품을 늘릴 수 없다 했지만, 아무래도 이 옷을 입고 그녀가 숨을 쉬려면 새로 단 지퍼가 또 찢어질 것 같아 옆 솔기에서 낼 수 있는 대로 최대한 늘려 보았다. 그래도 1센티미터 정도의 품이 넓어졌을 게다. 그 정도만 해도 이 옷을 입고 그녀의 숨이 정지되는 일은 없을 것 같아 조금 마음이 놓였다.

며칠 지나, 옷을 찾을 날은 아직 안 됐는데 지나가다 걸려있는 자기 드레스를 보고 그녀가 들어왔다. 다 완성되었다는 내 말에 그녀는 흥분한 표정으로 안에 들어가 옷을 갈아입고 나왔다. 그녀의 얼굴에 환한 기쁨이 피어나고 있었다. 얼른 이 드레스에 맞는 구두를 사러 가야겠다고 하는 그녀에게, 혹시나 하고 물었다.

"네 친구 결혼식이냐?" 하는 내 물음에, "아니, 내 결혼식이야." 라고 답하는 것이 아닌가.

순간 난 생각이 정지된 듯 아무 말도 못했다. 막 가게 문을 나서는 그녀의 뒷자락을 향해 "축하해"라고 겨우 한마디를 던질 수 있었다.

치마의 폭이 풍성하지 않아 만삭의 몸매가 그대로 드러나는 이 드레스가 설마 신부의 웨딩드레스가 되리라고는 생각하지 못했다. 물론 그녀의 처음 결혼은 아닐 것 같은 생각이 든다. 하지만 그래도 결혼식인데….

만삭의 신부도, 할인 매장에서 얼마 안주고 샀음직한 그 지퍼가 다 찢어진 드레스가 웨딩드레스가 되는 것도, 한국에서 산 날이 훨씬 더 많은 내가 이해하기엔 쉽지 않은 일이었다.

그러나 마냥 행복해하는 그녀를 보며, 만족의 높이는 스스로 정하기에 달린 것을 발견하게 된다.

달랑 한 달 밖에 남지 않은 이 해도 저물고 있다. 돌아보면, 길 것 같았던 한 해의 시작이 벌써 저 끝에 작은 점이 되어 희미하다. 나는 그동안 내게 주어진 것에 만족하며 기쁘게 살았는지 돌아보게 된다. 늘 내가 가진 것에 부족함만을 탓하며 만족할 사이 없이 지나가지 않았나 싶다. 욕심의 큰 그릇엔 언제나 공허한 안타까움이 있을 뿐, 조금 작은 그릇에 담으면 차고 넘치는 기쁨으로 행복해지는 것을 저 신부에게서 배운다.

영국 속담에 '자기 스스로 행복하다고 생각하는 사람은 행복하다'라는 말이 있다. 이제부턴, 내게 맞는 만족의 작은 그릇들을 준비해야겠다. 밤새 내린 하얀 눈을 퍼다 반가움의 기쁨 가득 담아 선반에 올려놓고, 저 시리듯 밝은 달빛 볼 수 있음도 감사하며, 내 일상의 소소한 작은 것 하나 하나에도 '족하다' 이름 붙여 담아야겠다. 저녁엔 불려놓은 콩 갈아서 배추우거지 썰어 넣고 콩비지를 끓여야겠다. 아이들 불러 손자 손녀 시끌벅적 둘러앉아 먹는 시간, 그것 또한 내게 행복이 됨을 감사하리라.

매미소리

미 동부의 날씨가 연일 100도를 웃도는 불볕더위로 이어지고 있다. 창문을 꼭꼭 닫고 집안에 갇혀 있다가 밖으로 나와 보았다. 현관문을 나서니 뜨거운 열기가 확 온몸에 감겨온다. 냉방에서 살짝 얼었던 몸이 스르르 녹아내리며 “아, 따뜻하다.” 소리가 입 밖으로 새어 나온다. 아파트 앞 울창한 고목나무에 숨은 매미들의 힘찬 울음소리가 여름의 절정을 알리는 듯 요란하다.

매미소리를 들으면 고국의 한가로운 시골풍경이 떠오르며 나른한 향수에 젖게 된다.

들에는 연둣빛 낟알들을 가득 품은 벼 목이 올라오고, 넓은 감자밭 이랑마다 우거진 초록 잎새 위엔 하얀 감자꽃이 피어난다. 내리쬐는 따가운 태양빛에 옥수수 수염이 누렇게 타서 늘어질 때면, 마을은 숨을 삼키고 땅에 낮게 엎드린다. 낮은 흙담 울타리 아래 까마중나무 열매가 까맣게 익어가고, 뒷 창을 열어 툭 터진 대청마루엔 간간이 살랑살랑 부는 맞바람에 목침을 베고 누운 할아버지는 오수(午睡)에 드셨다. 때 만난 매미들만 여기저기 목청껏 매엠, 매-엠 울어댄다.

가족휴가를 남해 쪽으로 간 적이 있다. 여수의 어느 해안에서 바다 쪽으로 조금 떨어진 곳에 동백섬이라는 작은 섬이 있다. 섬이라고 하지만, 해안에서 섬까지 연결되는 방파제가 있어 그냥 걸어 들어갈 수 있었다. 수목으로 빽빽한 그 섬은 옛날에는 오동나무가 아주 많아 오동도라고 불렸지만 우리가 방문했을 때에는 오동나무보다 동백나무가 섬을 더 많이 차지하고 있어 동백섬이라고 부른다고 했다. 섬에 들어서자, 수백, 수천 마리쯤 될 것 같은 매미들의 합창소리로 귀청이 먹먹했다. 여기저기 매미 허물 벗은 껍데기들이 떨어져 있었다. 아이들은 신기한지 그것들을 열심히 주웠다. 섬 둘레엔 수많은 동백나무들이 군락을 이루고 있었다. 꽃이 피는 이른 봄이나 되어야 동백섬에 동백나무들이 주인이 될지, 그때는 요란한 매미소리에 매미섬이 된 듯했다. 매미는 십여 년간 땅 속에서 유충으로 있다가 지상으로 나와 허물을 벗고 성충이 되면 열흘 남짓 살다가 죽는다고 한다. 나는 매미를 한여름 시원한 나무에 붙어 팔자 좋게 노래나 부르는 곤충으로 생각해 왔으나, 그들은 짧은 며칠 동안 암컷매미를 만나 번식을 하고 이 아름답고 자유로운 세상을 떠나야 하는 운명을 가지고 태어난다고 한다. 그들의 노랫소리는 노래가 아니라 울음소리였다. 주어진 시간 안에 암컷 매미를 만나야 하는 안타까운 표현인 것이다. 암컷매미에겐 소리를 낼 수 있는 발성기관이 없기 때문에 수컷 매미는 자신의 위치를 알리기 위해선 최대한 큰소리로 울어야 했다.

태어나고, 죽는 수많은 생명체 가운데 각 종류에게 주어진 시간들이 있다. 180년 이상을 산다는 거북이도 있지만, 하루 밖에 못 사는 하루살이도 있다. 요즘은, 우리나라 사람들의 평균수명이 80세가 넘었다고 알고 있다. 열흘 남짓 사는 매미 생각을 하다 보니, 사람은 정말 엄청나게 긴 시간을 사는 것 같다. 그러나 평생을 수고로이 일을 해야 먹고 살 수 있는 인생이기에, 그 긴 시간들이 길다고 느낄 사이 없이 오히려 시간에 쫓기며 사는 것 같다. 어느덧 반생을 훌쩍 지나 초로(初老)에 들어서고 있다. 사람의 수명이 다 같을 수는 없기에 각자의 남은 시간이 얼마나 남았는지는 아무도 알 수 없다. 매미의 삶을 보니, 우리에게 주어진 시간이 얼마나 여유롭게 느껴지는지 모르겠다.

잘못한 것 후회하며 돌이킬 수 있는 시간, 아닌가 싶으면 다시 돌아갈 수 있는, 가고 싶고, 보고 싶고, 하고 싶은 일 하면서 좀 천천히 살고 싶다.

산다는 것이 좋기만 한 것은 아니라 해도, 이 아름답고 기묘한 세상에서 각양의 서로 다른 이야기들을 만들어 가며 살아가는 것은 축복이며, 즐거움이란 생각을 해본다. 개똥밭에 굴러도 이승이 좋다는데, 아직 짝을 못 찾았는지 자꾸만 흘러가는 시간이 안타까운 매미의 울음소리가 아까보다 더 커지고 있다.

눈이 와서 좋은 날

호들갑스럽게 떠들던 폭설 예보대로 밤사이 많은 눈이 내렸고 지금도 계속 내리고 있다. 아침에 창밖을 내다보니 길도, 나무도, 집들도 온통 하얗다. 세상은 아무 움직임이 없는 적막에 싸여 조용하다. 눈이 와서 휴무인 남편이 눈이 와도 출근해야 하는 내가 걱정이 되는지 내 직장까지 데려다 주겠단다. 그가 미리 나가서 차에 쌓인 눈을 치우고 따뜻하게 데워놓은 차에 난, 우아하게 올라탔다. 눈이 1피트 가까이 온 듯한데 이른 시간이어서인지 길이 치워 지지 않은 상태였다. 남편은 미끄러운 눈길을 천천히 운전했다. 동네 로컬 길의 내리막길을 운전 하는 그의 손에 긴장감이 감돌았다.

조심성 많은 남편이 운전대를 잡았으니, 나는 오늘 아침 편안하게 차창 밖의 설경에 빠질 생각이다. 벌거벗은 가지마다 소복소복

눈꽃이 화려하다. 집 앞에 켜켜로 눈을 이고 있는 전나무가 크리스마스카드에서 본 듯한 그림 같아 보인다. 팰리새이드 파크웨이도 눈이 치워지지 않아 차들이 거북이 걸음이다. 도로변의 나무숲이, 쏟아지는 눈보라 속에 절경을 만들어내고 있었다. 나무들은 몸통까지 온통 하얀 옷으로 덮여있다. 100여 미터 앞에 가던 차가 눈보라 속으로 시야에서 사라진다.

이렇게 눈이 오는 날이면 소녀 시절에 보았던 영화 「닥터 지바고」가 떠오르곤 한다. 러시아의 시인이자 작가인 보리스 파스테르나크의 소설을 데이비드 린 감독이 만든 미국영화이다. 러시아의 전통악기인 '발랄라이카'의 얼음같이 맑은 소리와 어우러진 모리스 자르 작곡의 주제 음악이 아름다운 설원과 너무나 잘 어울리던 영화였다.

하얀 벌판에 두꺼운 눈을 이고 있던 저택이 생각난다. 러시아의 궁전 같은 돔 모양의 지붕에 눈이 쌓여 마치 유령의 집 같아 보였지만 신비스러워 보이기도 했다. 흰 비단을 감은 듯한 자작나무들의 숲이 눈빛에 반사되어 반짝이던 모습, 광활한 설원과 마차, 그리고 그 배경에 어울리던 라라와 유리 지바고, 쏘냐까지 그 영화는 내 머리 속에 가장 아름다운 영상으로 남아 있다.

손가락장갑을 끼고 글을 쓰던 닥터 지바고가 언 창문을 호- 불어 닦여진 유리를 통해 밖을 내다보던 모습이 눈에 선하다. 배가 남산만한 아내 쏘냐를 두고 연인 라라를 찾아가는 지바 고를 보며 사랑은 하나일까? 둘일까? 헤아려 볼 때가 있었다. 지바고를 차지한 쏘냐와 그의 마음을 차지한 라라 중에서 누가 더 행복할까를 친구와 같이 고민해 보기도 했다. 전장에 끌려갔다가 탈출한 지바고는 라라의 집을 찾아간다. 눈썹과 수염까지 고드름이 잔뜩 매달린 채로 얼굴이 허옇게 언 오마 샤리프의 그 큰 눈이 유난히 반짝이던 모습이 잊혀지지 않는다. 언제나 그랬던 것처럼 문밖에 벽돌 속에서 열쇠를 찾아낸 지바고, 꼭 찾아오리라는 믿음을 가지고 항상 그 자리에 열쇠를 넣어두고 언제라도 먹을 수 있는 음식을 차려놓고 외출한 라라의 지바고를 향한 사랑이 애절했다.

예상 했던 대로, 라디오를 켜니 FM 방송에서 영화 「닥터 지바고」의 테마 음악인 'Lara's Theme'가 흘러나온다. 'some where my love' 언제 들어도 너무 아름다운 곡인 것 같다.

파티장에서 어머니와 자신을 농락한 남자에게 총을 쏘는 라라, 끝없이 하얀 설원을 지바고와 함께 마차를 타고 달리며 행복해 하던 쏘냐, 음악 속에 그들의 모습들이 지나간다. 그 땅에도 봄이 있어, 집 뜰에 노란 수선화가 흐드러지게 피었던 모습도 장관이었다. 전차를 타고 가던 지바고가 그토록 찾아 헤매던 라라를 발견하고 내려서 쫓아가지만 그녀의 이름이 입 밖으로 소리가 되어 나오지 않는다. 안타깝게 사라져 가는 라라를 바라보며 심장마비로 쓰러지는 지바고의 모습이 쏟아지는 눈 속에 다시 살아난다.

음악이 끝나며 내 머리 속의 영상도 끝이 났다. 직장에 거의 도착될 즈음에 오늘 휴무라는 전화가 걸려왔다. 우리는 그대로 돌아서 느긋하게 설국의 하얀 꽃 아치 터널을 천천히 천천히 즐기며 돌아왔다. 우리 아이들이 자랄 때, 기대했던 만큼 밤사이에 눈이 많이 와 주지 않아 새벽에 '휴교' 전화를 못 받으면 몹시 실망해 하곤 했다. 헌데, 난 오늘 순결한 설화의 세상인 천국을 지나 왔고 '휴무'이니 얼마나 좋은지 모르겠다.

눈에 덮인 하얀 세상이 녹지 않았으면 좋겠다. 다시 지저분한 모습이 드러나 동화 속의 신기한 세상을 지우지 말았으면 좋겠다는 철없는 공상을 해본다. 하나님이 눈을 내려 주심은 사람들에게 가끔 이렇게 하얀 세상을 보여주며 우리가 사는 이 지구와 함께 우리의 마음을 깨끗하게 하라는 뜻이 아닐까. 긴장되어 운전하는 남편 옆에서 닥터 지바고 역을 연기했던 잘생긴 오마 샤리프 생각만을 하고 온 것이 조금 미안했지만, 난 오늘 행복하다.

삶의 나이

큰아이가 일찍 결혼하는 바람에 나는 오십이 갓 넘은 나이에 할머니가 되었다. 옛날 같으면 일찍이랄 수도 없는 나이겠으나 아직 미혼인 자녀들을 둔 주변 친구들보다는 빠른 할머니라고 할 수 있겠다.

사람들은, 내 얼굴을 빤히 들여다보며 "아이구, 할머니! 어떻게 할머니야?" 하며 장난스레 축하 인사를 한다. 사실, 할머니라 불리는 새로운 호칭이 처음에는 좀 생소하고 어색하게 들렸다. 마치, 사위에게서 처음 장모님 소리를 들었을 때처럼….

자녀들이 결혼해서 임신했다는 소리를 들으면 장차 할머니가 될 것이라 여겨져 반갑지만은 않더라고 하던 이도 보았다. 그래도 정작 손주가 태어나면 언제 그런 생각을 했나싶게 너무나 신통하고 이쁘다 한다. 그래서 사랑은 내리사랑이라 하지 않던가?

출산한 딸이 산후조리를 위해 우리 집에 와 있다. 갓난아기를 목욕시켜 본 지가 하도 오래돼 비누 묻은 미끄러운 손이 아기를 놓칠세라 여간 조심스럽지가 않다. 한 쪽 껍질을 떼어내면 같은 방향으로 나란히 누워있는 연둣빛 완두콩처럼 아기의 동글동글한 발가락이 껍질 속에 품은 완두콩같다. 금방 물에서 나온 빨갛고 보드라운 아기 몸에 베이비 로션을 바르며 내가 이 아이 엄마를 낳을 때를 생각해본다. 그리고 세월의 빠름을 실감하며 내가 서 있는 삶의 나이를 세어 보게 된다.

난 두 번의 자연유산과 그 다음엔 막달이 다 되어서 아이를 잃는 불행을 겪었다. 아이를 가질 수 없을지도 모른다는 불안감으로 절망하던 내게 하나님은 다시 예쁜 딸을 선물로 주셨다. 그 아이가 지금 이 아이의 어미이다. 그때 아기를 안고 퇴원 하는 날 난 얼마나 기쁘고 흥분되는지 내 발은 땅에 닿지 않고 둥 둥 떠서 걷는 기분이었다.

아기가 처음 백일 때까지 밤낮이 바뀌어 낮에 자고 밤에 노는 통에 애를 먹던 일, 동화 속의 공주 같은 옷을 입혀놓고 만족해하며 바라보던 때가 엊그제 같은데 그 아이가 벌써 커서 아기를 낳았다.

세월은 가는 줄도 모르게 흘러간다. 내 속에 나이는 그대로 있는데, 겉의 나이는 정직하게 꾸역꾸역 먹어 가고 있다. 처진 눈밑 주름, 희끗 희끗 돋아나는 흰머리는 결국 주체하지 못하고 염색으로 허겁지겁 숨기고 있다. 여기저기 삐걱이며 아픈 곳도 생기고…. 인생무상이라더니 난 어느새 인생의 정점(頂點)을 지나 내려가고 있는가? 아니 한참 내려왔는지 어느 정도 내려왔는지는 알 수가 없다. 그 끝이 어디쯤인지는 아무도 모르는 일이니.

해가 지도록 들판을 뛰놀며 쏘다니던 계집애, 그저 동무들과의 놀이에 즐겁기만 하던 어린 시절이 있었다. 세계 명작을 읽으며 감상에 젖곤 하던 하얀 블라우스에 담청색 리본을 맨 해맑은 여학생 시절은 공연히 울기도 하고, 또 웃을 일도 많던 때였다. 사랑하던 시절, 무엇이든지 가능할 것만 같았고, 이룰 수 있을 것만 같았던 푸르던 청년 시절도 있었다. 그러나 내 능력도, 환경도 나의 꿈을 이루기엔 한참 모자람을 인정할 수밖에 없었다. 좌절과 안타까움으로 고뇌하던 이십대를 접는다.

성실한 남편과 함께 딸 하나와 아들 하나를 키우며 지나고 보니, 그만하면 축복된 세월이 아니었나 싶다. 이제 아이들이 공부를 마치고 큰아이는 결혼해 아이를 낳았다. 손녀를 얻은 기쁨과 함께 이미 두 세대 뒤에 서 있는 나의 세월을 아쉬워하며 마음이 허전해 온다. 그러나 이제 외손녀를 얻은 확실한 할머니가 되었다. 구차하게 억지로 세월을 잡으려 하지 말고 놓아야겠다. 세월이 어디 잡는다고 잡히는 물건이던가?

제 분수 모르는 내 마음의 나이도 서서히 겉나이에 맞춰야 할 때가 된 것 같다. 창조주의 피조물인 자연의 한 부분으로 나뭇가지에 달린 잎새가 되어야겠다. 새 생명은 언제나 신비롭고 아름답다. 물기 없는 칙칙한 나뭇가지에서 화사한 꽃잎이 현란히 피어오르면 누구든 자연의 신비로움을 생각하게 된다. 그리고 그 힘찬 푸르름, 잎새 속에 숨어있는 열매는 어김없이 익어가고, 찬바람이 일기 전 잎은 마지막 진액을 열매에 쏟아놓고 누렇게, 빨갛게 풀기 없는 거죽만을 남긴다.

그러나 낙엽 되어 떨어질 가을산의 단풍은 얼마나 아름답던가? 주어진 수한(壽限) 다 하고 순응(順應) 하는 나뭇잎처럼 나는 무엇으로 내게 남은 시간들을 단풍처럼 곱게 물들일 것인가? 누군가를 위해 난 어떤 열매를 남겨 놓을 수 있을까?

잠든 아기의 얼굴은 평화롭기만 하다.

달빛 푸른 밤

잠이 깨어 얼핏 창을 보니 밖이 희뿌옇다.

하늘엔 한 쪽 테두리가 살짝 녹은 달이 혼자 어두움을 밝히고 있다. 만월(滿月)이 서쪽으로 조금 이운 열이레 달쯤으로 보인다. 달과 이렇게 오롯이 마주하기는 오랜만이다. 그 명징한 서늘함이 그대로 가슴에 와 닿는다. 길게 깊은 숨을 들이쉬고, 내쉬며, 달빛의 청량한 기운을 몸에 채운다. 잠 못 든 풀잎들이 쏟아져 내리는 달빛을 향해 일어서 있는 듯하다. 나는 금빛 웃음을 머금고 떠오르는 초저녁 보름달을 좋아하지만, 한밤중 푸른빛을 내뿜는 빙하처럼 맑고 깨끗한 달도 좋아한다. 낮의 해가 온 만물의 생명을 키운다면, 밤의 달은 그 생명들의 고단함을 품는다 하겠다. 옛 신화 속 달의 신들은 대부분 여인으로 표현되는 것을 본다. 달빛은 위로다. 누구에게나 내리는 축복이다. 바라보는 이에게 인자한 미소로 대답하는 신의 자애로운 선물이다. 아무리 오래 쳐다보아도 식상하지 않고 신선하다. 외로움도, 그리움도, 달빛에 삭이려는 사람들이 풀어놓는 수많은 사연들을 들어주는 달은 어머니를 닮았다. 우주인들이 그 발자국을 달의 흙먼지 위에 선명히 찍어놓고 온 지가 오래지만 달은 내게 조금도 축소되지 않은 신비이다.

달빛 속에 스치어 간 시간들이, 얼굴들이, 그리움을 달고 떠오른다.

오동나무 넓은 잎새 뒤에서 수줍게 얼굴 내민 보름달이 고운 금가루 빛을 다 쏟아내고 먼 하늘로 오를 때까지 뛰놀던 유년의 우리 동네 쌀집 앞 공터에 비치던 달. 그때의 왁자한 아이들의 웃음이 들리는 듯하다. 중학교 시절, 수양회로 갔던 경기도 수동리의 넓은 개천 위에 쏟아지던 달빛. 수많은 별들이 물속에 잠겨 반짝이던 그 밤도 잊히지 않는다.

변함없는 우정으로, 늘 안부를 물어주는 고국의 친구 얼굴도 그립다.

"친구야!, 저 달 보이니? 오늘 밤 저 달은 왜 이리 밝으냐? 저 달 속 계수나무 가지 위에 너에게 띄우는 내 마음편지 걸어놨다!"

수많은 문객들이 달빛 아래 글을 남겼다.

중국의 시선(詩仙) 이태백을 비롯하여, 왜적의 침략으로부터 위태로운 나라를 지켜 내야 하는 장수의 고뇌를 시로 남긴 이순신, 고려의 문신 이조년의 「다정가(多情歌)」는 또한 얼마나 아름다운가.

이화(梨花)에 월백(月白)하고 은한(銀漢)이 삼경(三更)인제
일지춘심(一枝春心)을 자규(子規)야 알라마는
다정(多情)도 병(病)인 양 하야 잠 못 들어 하노라

달빛에 비친 고고한 배 꽃잎의 자태가 보이는 듯하다.

이렇게 밝은 달밤이었을까?

이효석은 소설 「메밀꽃 필 무렵」에서 허생원 일행이 봉평장을 접고 대화장으로 가는 길에 흐드러지게 핀 메밀꽃밭이 달빛을 받아 마치 소금 밭 같아 보였다고 했다. 나는 그 정경을 그려보기에도 가슴이 벅차다. 허생원이 동이의 등에 업혀 건너던 그 개울도 건너보고 싶다.

달빛에 젖어 꿈을 꾸는 동안 온 밤을 지새운 달도 졸린 듯 긴 하품을 한다. 이제 그만 놓아줘야겠다.

생화 한 송이

손님을 초대하게 되면 난 며칠 전부터 밀린 숙제를 쌓아 놓은 것처럼 걱정이 앞서게 된다.

손님을 치르려면, 집안청소, 집 치장, 음식은 물론 그릇까지 신경이 쓰이게 된다. 요리솜씨는 별로 없지만, 음식은 될 수 있으면 내 손으로 직접 만들어 대접하고 싶은 마음에 몸은 힘들어도 그래야 마음이 편하기 때문이다.

청소를 끝내놓고 보니 아무 장식이 없는 거실 화장실이 마음에 걸렸다. 앞뜰에 마침, 사춘기 소녀의 봉긋이 나오기 시작하는 앞가슴을 부끄러워하는 것처럼, 꽃잎 한쪽만을 살짝 제쳐들고 수줍은 듯 서 있는 장미 한송이가 보였다. '손님이 오는 내일이 되면 꽃잎은 좀 더 피어오르게 되고, 곁가지에 맺힌 작은 봉오리 두 송이도 잎이 조금 벌어지게 되겠지' 하는 생각으로 장미 한 가지와 옆에 있는 향나무 한 줄기도 잘라냈다. 볼이 좁은 유리병에 꽂아 토일렛 물탱크 위에 놓았다. 파란 향나무 잎새 속에 빠알간 장미 한 송이는 밋밋한 흰색 벽의 화장실 분위기를 금방 생기 있게 만들었다. 마치, 그의 싱싱한 입김을 화장실 안에 가득 뿜어 내놓은 것 같다.

나는 분주한 손을 놓고 앉아 꽃을 바라본다. 살아있는 것만이 가지는 가늠할 수 없는 생명력의 신비로움을 느낀다. 꽃은, 움직이지 못하나 그것을 보는 사람의 마음을 움직이게 한다. 꽃은 보는 이를 기쁘게 한다. 또 깨끗하고 진실하게 한다. 그래서 많은 우리의 옛 선비들은 추한 권력의 다툼이 싫어 자연 속에 살기를 즐겨했던 것 같다.

자연 앞에 서면, 늘 편안하고 여유로워진다. 그들은 들리지 않게 말하고 있는 듯하다. 난, 그들의 대화에 귀를 기울인다. 그들은 생명으로 선택받은 은혜에 감사하며 늘 즐거워하고 있다. 추위에도, 더위에도 그들은 무어라 불평하지 않는다. 숨쉴 공기가 있고, 날마다 해가 떠오름에 그저 감사할 뿐이다. 땅속에서 발아된 싹이 돋아나와 줄기가 되고 잎이 되어, 꽃이 피고 열매를 맺는다. 마른 줄기 썩어 흙으로 돌아가는 한해살이 식물은 우리 육신의 삶과 닮아있다.

몇 년 전, 친구 두 커플과 함께 다녀왔던 후로리다 올렌도의 우리가 머물렀던 콘도 생각이 난다. 늦은 밤에 도착해 예약된 콘도에 들어가 불을 켜자, 울긋불긋한 조화가 여기 저기 장식되어 있는 것을 보고 좀 으스스한 기분까지 들었었다. 난 조화를 보면, 어린 시절 시골에서 보았던 종이꽃으로 꾸며진 꽃상여 생각이 난다. 또 여러 개로 묶여진 칼과 함께 쩡그렁 쩡그렁 쇠 부딪치는 소리를 내며 뛰는 무당의 손에 든 커다란 종이꽃도 어린 눈에 무섭고 두려웠던 느낌으로 남아 있다.

미국 사람들은 조화를 좋아하는 것 같다. 전에 집을 사러 다니다 보니, 대개의 집에 장식으로 조화를 많이 사용하는 것을 볼 수 있었다. 그러나 조화는 아무리 잘 만들어도 촉감부터 다르다. 생화 같은 생기나 냄새가 없다. 여운이 없다고 해야 할까? 봉오리진 꽃잎이 펴지는 일도, 시간이 지나도 형태가 달라지거나 말라버리는 일도 없이 변화가 없다. 무엇보다도 진짜인 줄 알고 다가갔다가 가짜 꽃임을 알게 됐을 때 속은 것 같은 실망스러움을 느끼게 된다. 바로 그것이 내가 조화를 사지 않는 이유가 되고 그 변하지 않는 실용성으로 사람들이 조화를 사는 이유가 되나 보다.

손님을 초대 하던 날, 식사가 어느 정도 끝나고 과일을 깎고 있는 내 곁에서, 어느 부인이 내게 물었다.

"화장실의 장미가 생화더군요"

그 말을 들은 다른 부인이 내 대답을 가로챘다. "나도 만져 봤어요."라고.

손님이 다 돌아가고 설거지를 하며 화장실의 장미 생각을 하는 내 입가에 기분 좋은 미소가 떠올랐다. 별나라에 두고 온 자신의 까탈스런 장미에게로 돌아가는 생텍쥐페리의 '어린 왕자'처럼, 내게도 나의 장미가 특별하다.

며칠 안 돼 시들해진 장미를 제 모양을 유지하며 말리기 위해 벽에 거꾸로 매달아 놓았다. 싱싱한 아름다움으로, 손님들에게 좋은 인상을 선사했던 수줍음 많은 나의 꽃을 오래두고 보고 싶어서이다. 빨갛던 꽃잎이 자주색으로 변해 가지만, 아직 은은한 향기를 남기고 있다.

조화처럼, 속임으로 남에게 실망을 주는 가짜 인생이 아닌, 남에게 아름다운 기억의 향기를 남기는 진실한 삶으로 살고 싶다.

쑥타령

오월이 반도 안 갔는데 어느새 봄이 가려나 보다. 지천에 탐스런 쑥이 수북이 자라고 있다. 공원에도, 하이웨이 도로변에도, 동네 길가에도, 어디를 가나 풀 사이에 고개를 빳빳이 세우고 자라는 것이 쑥이다. 아니 쑥도 풀이지….

오늘따라 눈 가는 곳마다 수북한 살진 쑥이 보이는 것은, 오늘 만났던 아는 교수의 말이 생각나서이다. 그분은 뚝배기에 애호박, 풋고추 썰어 넣고 끓여먹던 된장찌개처럼 고향 냄새가 나는 옛 음식을 잘하는 분이다.

"요새 쑥 뜯어서 가루에 섞어 찌면 맛있을 텐데." 하며, "그런데 쑥을 어디서 뜯지?" 한다.

아니, 요즘 보이는 곳마다 쑥밭인데 무슨 소리를 하나 했더니, 얼마 전 쑥을 뜯던 한인 아주머니들이 티켓을 받은 얘기를 들었다

한다. 그러니까 내 집 마당 것 아니면 뜯을 생각을 말라는 얘기인 것 같다.

그동안 고사리나 다른 산나물을 채취하다 걸려서 벌금을 무는 일은 들어 알고 있지만, 길가에 흔한 풀인 쑥 좀 뜯었다고 벌금을 그렇게 많이 매긴다니 내 생각엔 좀 심하지 않나 하는 생각이 들었다. 허기사 그렇게 안하면 수백 인종이 모여 사는 이 나라의 질서가 유지되기 어렵겠다는 생각이 들기는 하다.

모르면 용감하다더니 내가 처음 미국에 이민을 왔을 때 일하던 가게 앞 도로 한 가운데에 조그만 녹지가 있었다. 거기 잔디사이에 불쑥 불쑥 뭉텅이로 솟아 자라는 것이 달래라고 하길래 신기하기도 하고 반갑기도 하여 그 길 한복판에 앉아 몇 뭉텅이를 캐낸 적이 있다. 고국에서, 쌉싸름한 향기의 달래를 새콤달콤하게 무쳐 먹던 생각을 하며 입 안 가득 침이 고여왔다. 다행히 경찰 눈에 띄지 않았으니 망정이지 큰 망신당할 뻔하지 않았는가? 그런데, 한국 달래와는 달리 별 향도 없고 너무 질기고 억세어 한 번 된장찌개에 넣어서 끓여 먹어 보고는 이젠 아예 거들떠보지도 않게 되었다.

이곳 사람들은 음식이 넘쳐나는 이 미국땅에서 풀을 뜯는 한인들을 이해하지 못하겠지만, 산에 들에 우리만 아는 풀을 쫓아다니는 것은 고향 땅에서 먹던 맛에 대한 그리움 때문이요, 강산이 몇 번이 바뀌어도 가셔지지 않는 향수 때문이리라.

오래전 한국의 농촌에선 이맘때가 호랑이보다 더 무섭다는 보릿고개라고 들었다. 그때 시골서 살다 왔다는 우리 동네 종태는 보릿고개 때 나물죽을 먹고 체해서 얼마나 뒹굴었는지, 발버둥 치다 못에 걸려 다리에 흉이 남아 있다고 보여주던 기억이 난다. 서울 변두리에 살던 나는 보릿고개는 잘 모르지만 봄이 되면 동네 언니들 따라서 바구니 끼고 맑은 물이 흐르던 개천 둑으로, 논길로, 밭두렁으로, 냉이나 쑥을 캐러 쫓아다니던 생각이 난다. 냉이를 캔다는 것이 엉뚱한 풀을 캐 가지고 와서 어머니는 내가 힘들게 캔 것을 버리곤 했다. 어린 마음에 얼마나 아깝던지.

쑥은 쓰임이 많은 풀인 것 같다. 연한 쑥을 뜯어 쑥떡도 해먹고 쑥밥, 쑥국까지 쑥으로 만드는 음식이 많은 것 같다. 어머니는 가끔 밥 할 때 밥 위에 얹어서 찐, 밥풀이 허옇게 묻은 쑥 개떡을 솥에서 꺼내주곤 했다. 아이 손바닥만한 뜨거운 개떡을 들고 집밖으로 뛰어다니며 먹던 생각이 난다.

농촌에서는 종일 들에서 일하던 어른들이 집으로 돌아오면 일찍 저녁을 먹은 후 어른들은 평상에, 아이들은 마당에 멍석을 깔고 앉아 이따금 살랑 살랑 불어주는 밤바람에 더위를 식힌다. 찬 우물물에 채워 두었던 수박이랑, 갓 캐낸 햇감자도 쪄서 내온다. 날벌레들이 불빛으로 모여 들고, 모기들이 먹이를 찾아 윙 윙 거릴 때쯤, 마당 한쪽엔 모기불이 매캐한 연기를 피워내곤 했다. 아이들 키만큼이나 자란 쑥대를 잘라 말려놨다가 태우면 그 연기와 함께 은은한 쑥

향기가 마당에 가득 퍼진다. 멍석에 누워 하늘에 별자리를 찾던 아이들은 어느덧 눈이 감겨오고, 아이들이 가르쳐준 그 별자리들이 어떤 건지 찾지 못한 채 나도 잠들곤 했다. 시골 친척집에서 지낸 그 여름밤은 내가 잊지 못하는 추억 중에 하나다.

저녁을 먹은 후 남편과 함께 운동 삼아 동네를 한 바퀴 걸었다. 남편에게 쑥타령을 했더니 길가에 쑥만 보이면 날 보고 뜯으라 한다. 난 통통하게 살이 오른 쑥들을 보며 그냥 지나쳐 왔다. 주위에 경찰은 보이지 않았지만 공연히 동네에서 길가에 풀 뜯어 먹는 코리안으로 보이기 싫은 때문이다. 그래도 우리 집 앞뜰에서 한 줌은 되게 뜯을 수 있었다. 내일은 그 교우가 가르쳐준 대로 쑥개떡을 만들어 봐야겠다. 먼저, 쑥을 베이킹파우더를 조금 넣고 으깨지도록 삶아 쌀가루하고 섞어 반죽한다. 그리고 어릴 적 어머니가 만들어주셨던 모양대로 아이 손바닥만하게 빚어 찜냄비에 쪄봐야겠다.

주덕 가는 길

새벽 일찍 출발한 덕분에 충북 음성의 시댁 마을에 도착한 것은 아침 아홉 시도 채 안 되어서였다. 우리는 곧장 마을 앞 선산에 있는 시부모님 산소에 들러 성묘부터 하였다.

작년 이맘 때 연세는 많으셨지만 건강하시던 어머님이 갑자기 쓰러져 말 한마디 남겨 주시지 못하고 열흘을 혼수상태로 계시다 돌아가셨다.

남편은 추석 연휴가 다가오자 돌아가신 어머님 생각이 더 나는 듯 이번 추석엔 어머님의 친정이 있는 주덕으로 외삼촌 내외를 뵈러 가자고했다. 서둘러 뵙지 않으면 연세 많으신 외삼촌과 외숙모도 언제 황망히 떠나게 될지 모를 일이기 때문이다. 바쁘다는 핑계로 어릴 때 그리도 귀애해 주시던 분들을 오래 찾아뵙지 못했다 한다.

성묘를 마치고 마을로 내려오는 길가에서 만난 들국화 한 무리가 아침 이슬에 젖어 더욱 청초한 미소를 띠고 있었다. 잔바람에 흔들리는 꽃잎이 생전에 어머님의 하얀 얼굴과 닮아 보였다. 아이들은 폴짝 폴짝 풀섶으로 달아나는 풀벌레를 쫓아 뛰어 다녔다.

큰댁에서 아침 겸 점심을 먹은 후 우리는 서둘러 마을을 빠져나왔다. "이게 누구여? 이게 서울 막내댁이라고?" 하며 치매로 사람도 잘 못 알아보는 큰 동서의 손을 떼어내고 나온 것이 못내 내 마음을 무겁게 했다.

주덕은 금왕읍이 있는 음성군과 인접한 중원군에 속해 있는데 충주쪽에 가깝다. 주덕으로 가는 국도는 잘 닦여져 있었다. 남편은 너무나 변해있는 길이 낯선 듯 계속 사방을 두리번거렸다. 그 옛날 어머니와 외갓집에 가곤하던 일을 추억하며 내게 들려주었다.

어머님은 가끔 속상한 일이 있으면 그때 제일 어렸던 자신만을 데리고 친정집으로 향했다고 한다. 그 시절은 지금같이 길이 제대로 닦여 있지 않아 꼭두새벽에 출발해야만 했단다. 산길을 따라 지름길로 꼬박 종일을 걸어서 날이 다 저물어서야 외갓집에 도착했다고 한다.

아이를 낳다가 부인이 죽은, 평생 밥걱정은 안하고 살 수 있다는 부잣집에 후처로 들어가야 했던 어머니.

진달래가 온 산에 흐드러지게 피던 어느 봄날, 흔들리는 꽃가마

속에서 열여섯 살 새색시는 얼마나 울었을까? 시집 온지 며칠이 안 돼, 새색시에겐 어미 잃은 아기가 안겨졌고, 그 아기 말고도 열두 살 큰아들부터 내리 세 명이나 더 있었단다. 애가 둘이라던 중신 애비를 원망한들 무엇하랴. 밥을 끓여 미음으로 아기를 키우고, 당신에게서도 아이는 생겨났다. 막내아들인 나의 남편을 가질 즈음엔 그 많던 땅도, 재산도, 서둘러 짝 지워 분가시킨 자식들에게 다 떼어줘 거의 없어졌다고 한다. 그래서 어머니는 잉태된 아이를 지우려 뒷산 묏등 위에서 구르기도 하고 독한 약초도 구해 먹어 보았지만 질긴 배 속의 생명은 꺼지지 않아 이 세상에 태어나게 되었단다.

어느덧 차는 주덕 읍내를 지나 포장되지 않은 좁은 농로에 들어섰다. 덜컹거리며 산골짝을 따라 돌아나오면 또 산이 가로 막고, 그렇게 산을 몇 굽이 더 돌아 외갓집에 닿게 되었다.

외삼촌은 뜻밖에 찾아온 누이의 아들 가족을 반가이 맞아 주셨다. 어스름 저녁 아이의 손을 잡고 대문을 들어서던 지친 시누이의 모습이 떠오르는 듯 외숙모님은 치마폭을 잡아당겨 연신 눈물을 훔쳐내셨다. 아직 저녁 먹을 시간은 멀었는데도 외숙모님은 당신 며느리를 재촉해 우리의 저녁을 준비하시느라 아궁이엔 불이 활 활 타오르고 있었다.

툇마루에 앉아 사방을 둘러보았다. 저 쪽 산 밑으로 서너 채의 집이 보일 뿐 눈이 가는 곳마다 산이 막아선다. 어디서 이름 모를 산새가 울고 있었다. 어머님의 기구한 일생을 아파하는 내 마음처럼….

산등이 닿아 있는 뒤곁으로 가 보았다. 가지런히 장독이 정갈하게 놓여있었다. 그 한 켠에 앉아 손톱에 봉숭아 꽃물을 들이는 수줍은 처녀, 어머님의 모습이 보이는 듯했다.

에쉴리의 쌔드데이(Ashley's sad day)

여섯 살 난 에쉴리는 가끔 토요일 저녁이면 우리 집에 온다. 외할머니인 나와 자고 싶어서이다. 아이는 그림도구나 그림책, 게임기, 인형 등 나와 함께할 플랜을 잔뜩 짜 가지고 오지만 토요일까지 풀로 일하는 나는 피곤해 제대로 놀아주지 못하고 아이를 침대로 잡아끌기에 바쁘다.

침대에 누웠다고 금방 자는 것은 아니다. 가져온 그림책을 적어도 몇 페이지는 같이 보아야한다. 불을 끄고도 우리는 해야 할 일이 있다. 서로 이야기를 하나씩 해주기로 되어있다. 아이는 매번 거의 비슷한 이야기를 한다. 나도 대강 급조한 이야기를 두세 마디 하고는 '디 앤드(the end)' 하고 끝낸다. 잘 때 하는 기도도 끝나고 이마에 뽀뽀도 해줬지만 아이는 계속 이야기를 한다. 눈을 감은 채로 무심코 듣다보니, 자기의 제일 친한 친구(best friend) 때문에 슬프다(sad)는 이야기를 풀어놓는다. 울먹이기까지 하는 것이 심각하게 상처를 받은 것 같다. 마음이 여리디 여린 아이인데, 그 마음에 깊은 생채기가 남겨지게 되지 않을까 하는 걱정에 정신이 번쩍 들어 일어나 앉았다.

유치원 때부터 특별히 친하게 지낸 그 친구는 서로 플레이 데이트(play date)도 하고 생일파티 초대는 물론 엄마들끼리도 가깝게 지내는 에쉴리의 가장 친한 친구이다. 얼마 전에도 그 친구 집에 가서 슬립오버(sleep over)를 했다고 한다.

그런데 엊그제 식당에서 우연히 그 친구를 만났는데 반가워 하는 자신과는 달리 그 친구는 본 척도 하지 않고 그곳에 온 다른 친구하고만 놀더라는 것이다. 그 아이 엄마는 에쉴리와 에쉴리 가족에게 미안해서 어쩔 줄 몰라 했지만 그 아이는 에쉴리를 끝내 그냥 놔두고, 오지 않더라는 것이다.

아이는 나오려는 울음을 억지로 참으며, "이젠 그 애 하고는 no more best friend이야." 하는 손녀를 위로할 말이 얼른 떠오르지 않았다.

"에쉴리, 신경 쓰지 마. 애들은 같이 놀다가도 안 놀고 싸우다가도 다시 놀고 하는 거야. 할머니도 어렸을 때 그랬거든. 넌 신경 쓰지 말고 또 다른 친구하고 더 재미있게 놀면 그 친구가 너랑 놀자고 다시 돌아오거든."

억지 같은 할머니의 위로로는 슬픔이 가시지 않는 듯 아이는 계속 말을 잇는다.

"할머니! 거기서 그 친구가 다른 아이랑 놀고 있을 때 난 무얼 했는지 알아? 가만히 식당의자에 앉아서 들고 다니는 내 작은 가방을 열었다가 닫았다가 열었다가 닫았다가 하고 있었어."

난 그 대목에서 참담했을 어린 손녀의 아픔을 가늠할 수 있을 것 같았다.

누군가에게 배신을 당한다는 것, 가깝고 소중한 사이일수록 그 아픔의 정도는 더 크기 마련이다. 나에게도 유년 시절 친하게 지내던 동무의 변심을 경험한 적이 있다. 아침저녁 학교길에 늘 함께했던 내 단짝친구는 어느 날 다른 아이에게 가버렸다. 내 앞에서 다른 아이와 즐거워하는 그 친구의 모습을 바라보며 내 어린 마음이 얼마나 아팠는지 모른다.

그 친구가 변심한 이유를 아직도 잘 모르겠지만, 단발머리에 양볼이 유난히 빨갛던 그의 얼굴과 그와 함께했던 시간들이 맑은 수채화처럼 어렴풋이 떠오른다. 둘이 손잡고 냇가 둑길을 내달리던 그 시절, 11살 소녀의 모습 그대로….

그 친구는 그 후 이사를 가서 다시 만나지 못하고 세월이 흘러갔지만 그가 준 상처가 아직도 기억에 남아있는 것은 내가 그 친구를 많이 좋아 했었나보다.

남에게 상처 줄 일도, 남으로부터 상처 받을 일도 만들지 않으려 비껴 다니며 사리게 됨은 그때 받은 아픔 때문일까?

내 졸린 눈을 깨워놓고 아이는 돌아누워 어느새 잠이 들었다.

'에쉴리, 아파하지 마라. 마음에 상처는 지워버려라. 그 친구는 돌아올 거야.'

세상은, 아이들이 살기에도 쉽진 않은가 보다.

*플레이 데이트(play date): 함께 노는 일
*슬립오버(sleep over): 친구 집에서 같이 자는

고구마 줄기김치

어제 내린 비가 여름의 초록 물까지 씻어 내렸는지 나뭇잎들이 벌써 빛이 바랜 모습이다. 갑자기 선뜻 다가온 가을로 인해 아침에 긴팔 자켓을 찾느라 허둥대며 출근시간에 쫓겨야 했다.

한국마켓엔 탐스런 햇고구마가 부스에 가득 쌓였다. 행여나 하고 고구마순 줄거리를 찾아 야채코너를 살펴보았으나 역시 찾을 수 없었다. 고구마순 줄거리 김치를 해먹은 때가 여름이었었는지, 초가을이었었는지 확실한 기억은 없으나 고구마가 나오는 이때쯤이었으리라 생각된다. 한국에 살 때 동네 아는 집에 마실갔다가 그 집에서 고구마순 줄거리 김치를 처음 먹어 본 후로 나도 몇 번 담가 먹은 적이 있다.

그때, 동네 시장에는 야채가게마다 다발에 묶어 쌓아놓고 파는 고구마 줄거리가 흔했다. 잎을 따내고 줄거리의 껍질을 벗기려면 시간이 많이 걸렸는데 소금을 살짝 뿌려놓았다 벗기니 술술 잘 벗겨졌었다. 내 지혜는 아니었던 것 같은데, 아마 누구에게서 들었을 게다.

씻어 물기를 뺀 고구마 줄거리와 조선 부추에다, 믹서에 붉은 생 고추와 마늘, 젓국, 소금, 식은 밥 조금을 넣고 갈은 양념을 부어 버무리면 된다. 아삭 아삭하니 달짝지근한 고구마 줄거리의 맛이 향긋한 부추와 붉은 생고추를 넣은 양념에 섞여 환상적인 궁합을 만들어냈다. 흰 밥에 척척 걸쳐 먹으면 고기반찬에 댈게 아니다. 내 입엔 너무 맛있는데 시골 출신인 남편은 고구마순은 자기 시골에선 소 먹이이지 사람이 안 먹는다며 못 먹을 거라도 되는 양 인사차 두어 번 집고는 말던 생각이 난다.

고구마순 줄기 김치는 생것으로 담가야 하기에 고구마가 날 철에만 먹을 수 있는 음식이다. 버무려 바로 먹어야지 오래 되어 시어지면 맛이 떨어진다.

인터넷에 '고구마 줄거리 김치'를 검색했더니 양념이 걸쭉하게 버무려져 있는 고구마 줄거리 김치 사진이 올려져 있었다. 만드는 법도 내가 알고 있는 것과 거의 같았다. 나는 침만 꼴깍 삼키고 한국 마켓마다, 한국 농장마다 전화를 해보았지만 생고구마순 줄거리를 파는 곳이 없었다. 농장에서 조금씩 고구마 농사를 짓기는 하지만 기계로 고구마를 캘 때 땅을 뒤집어엎기 때문에 고구마 줄거리는 땅속에 묻힌다 한다. 물론 고구마순 줄거리를 찾는 사람이 많으면 품이 들어도 고구마를 캐기 전에 순을 따내겠지만 찾는 사람이 적으니 수익성이 없어 그냥 땅에 묻히는 것 같다.

고구마는 마켓마다 사시사철 쌓아놓고 판다. 그러나 생 고구마순 줄거리는 파는 곳이 없어 번번이 구하지 못하고 이민 온 지 20여 년 동안 그 맛의 아쉬움만을 담고 산다.

며칠째, 희뿌옇게 추적거리던 하늘이 오랜만에 높게 트였다. 흰 선을 그어 놓고 사라진 비행기 지나간 자국이 파란 하늘에 선명하다. 고구마 줄기김치에 대한 나의 집착은 옛 맛에 대한 갈증, 아니 고국에 대한 허기진 그리움 때문일 것이다.

한국에 가기도 하지만 제 철이 아닐 때도 있고, 바쁘게 다니다 보면 그냥 돌아오게 되곤 한다. 어디를 가나 음식이 넘쳐나는 이 미국 땅에서 소가 먹는 고구마순 때문에 이리 아쉬워하다니…. 그래도 그 김치가 꼭 먹고 싶은 걸 어쩌랴.

고국의 들판에서, 아직도 싱싱하게 우거진 순을 걷어내면서 고구마를 캐는 농부들의 발길에 고구마순 줄거리가 마구 밟히는 모습을 한국 TV를 통하여 보고 있다.

2.

나이 먹기

담

미국에 처음 왔을 때 집집마다 담이 없음을 보고 신기하게 여겼던 때가 있다. 큰집이건 작은집이건 대문 없이 곧장 현관으로 들어서게 되어 있는 것이 낯설었다. 이웃이 서로 가까이 하기엔, 집집마다 담이 있어 대문을 통과해야 하기보다 아무 때나 보이는 대로 인사하고 통하는 편이 더 빠를 것은 당연하다. 이렇듯 담이 없는 이 땅에 살면서 내 마음과는 달리 자유롭게 표현 못 하는 언어 장벽은 내 스스로 이웃과 담을 쌓게 하고 있었다. 어쩌다 뒷뜰에 나왔다가 서로 눈이 마주친 옆집 아저씨는 반갑게 "하이" 하며 말을 걸어왔다. 나는 놀란 토끼처럼 당황하여 빨리 대답을 못하고 쩔쩔매곤 했다. 그래도 그 아저씨는 이런 나를 충분히 이해한다는 눈빛으로 언제나 따뜻한 관심을 가져주었다. 처음 산 잔디 깎는 기계를 다룰 줄 몰라 쩔쩔매고 있을 때 건너와 친절히 가르쳐 주기도 하고 겨울에 눈이 오면 제설기계가 있는 그는 자기 집 눈을 치울 때 우리 집 앞 보도에 쌓인 눈도 쑥 밀어줘 통로를 내어놓고 가곤했다. 해마다 크리스마스엔 어김없이 직접 집에서 구운 쿠키를 예쁘게 포장하여 자기 아이들 편에 보내오곤 했다. 난 한국 떡이나 한과 같은 것을 조그만 카드와 함께 답례해 주었다. 나는 그의 친절에 많이 고마워하고 있음을 전하고 싶었다.

제주도의 바다와 인접해 있는 들에는 바람을 막기 위해 밭둑에 쌓아놓은 돌담이 있다. 그곳 바닷가에 흔한 구멍이 숭숭 파인 돌멩이들로 낮게 쌓은 돌담은 푸른 바다를 배경으로 하여 아름다운 풍경을 만들었던 것으로 기억된다.

내가 중·고등학교 시절, 등굣길에는 높은 돌담 위로 뾰쪽한 쇠꼬챙이를 박아 놓고 예리한 유리조각까지 꽂아놓은 큰 저택 같은 집들을 지나가곤 했다. 이런 집엔 누가 살까? 늘 궁금해 하던 생각이 난다. 그런 집엔 같은 높이의 담을 가진 사람들이 드나들 것 같았다.

또한 교도소의 높은 담도 있다. 서울 무악재 아래에는 그 유명한 서대문형무소가 있다. 서대문구(지금은 은평구지만)쪽에 살았던 나는 버스로 통학을 할 때 별 생각 없이 그 앞을 지나치곤했다. 지금은 유적지로만 남아 그 주위가 산뜻하게 공원으로 단장되어 있는 것을 보았다. 역사의 자국이 그대로 묻어있는 그곳은 예전엔 칙칙하고 높은 회색 담장이 쳐져 있었다. 담 밖에 있는 이들은 그

담 안에서 어떤 일이 벌어지는지, 어떤 사람들이 살고 있는지 볼 수도 알 수도 없었다. 그 담 안에 사람들도 담 밖의 세상을 볼 수도 알 수도 없는 것은 마찬가지였으리라.

2~3년 전 나는 고국을 방문한 적이 있다. 일산에 사는 친구집에 머물며 며칠을 지내는 동안 고국이 얼마나 발전했고 잘사는 나라가 되었는지를 알 수 있었다. 그곳엔 대부분 아파트가 많았지만 유럽식으로 예쁘게 지은 담 없는 집들이 단지를 이룬 모습이 보기 좋았다. 역시 많이 변했구나 생각하며 격세지감(隔世之感)을 느꼈다.

옛 시골 토담은 그 시절 부엌에서 요긴하게 쓰이던 깨진 바가지처럼 정겹게 보인다. 담 밑엔, 맨드라미와 봉숭아. 채송화가 다투어 피어나고, 수많은 가지마다 환하게 피던 분꽃도 거기에 있었다. 꽃이 진 자리에서 콩알 같이 까맣게 익은 분꽃씨를 똑 똑 떼어내곤 하던 생각이 난다.

담을 뒤덮고 올라가는 호박 덩굴 속의 호박꽃도 토담에 잘 어울리던 시골 풍경이었다. 낮은 토담 위로 주고받던 호박부침개 한 접시, 시원한 물 국수 한 대접, 그런 통함이 그립다.

얼마 전에 난 어느 목사님에게서 이런 이야기를 들었다. 그가 어릴 적, 깊은 두메산골에 홀로 사시던 그의 할머니집 담 안에는 큰 감나무와 밤나무가 있었더란다. 가을이 되면 가지마다 매달린 감이 빨갛게 익어가고, 밤나무에 주먹만한 밤송이가 쩍 쩍 벌어질 때면 할머니는 도시에 사는 손자들을 기다리셨다. 해마다 감 따고 밤 따는 일은 손주들 차지였다. 손주들은 신이 나서 긴 장대로 높이 매달린 감을 따고 어떤 놈은 나무를 타고 올라가서 따기도 했다. 장대로 밤나무 가지를 툭 치면 굵은 알밤들이 투두둑 떨어졌다. 그러나 아이들은 담 밖으로 뻗어 있는 가지는 건드릴 수 없었다. 할머니는 담 밖에 가지에 달린 열매들은 지나가는 사람들이나 동네 아이들 몫으로 남겨 두게 하셨기 때문이다. 그땐 담 밖에 큰 가지에 달려있는 열매를 못 따는 것이 너무 아까운 생각이 들었다. 담 밖으로 뻗어있는 가지엔 햇빛을 더 많이 받아서인지 실한 밤송이와 굵은 감이 더 많이 달려 있었기 때문이다. 그러나 살아오면서 할머니의 마음씀이 늘 좋은 가르침이 되고 있다고 한다. 담 밖으로 사랑을 흘려보내 남을 배려하며 사셨던 할머니를 보고 자란 손주는 이제 사람들을 섬기는 목사님이 되었다.

세상엔 많은 담이 있다. 담이 있어 주위가 더 아름다워지는 경우도 있고, 위험을 막아주는 꼭 필요한 담도 있다. 그러나 대부분의 담들은 막고 분리하는 일을 한다. 보이지 않는 무형(無形)의 담들은, 보이는 물리(物理)적인 담보다 더 높다. 언어와 종교, 지역과 인종, 이념과 불신 등의 담은 단단한 장벽이 되어 세상을 가르고 단절 시킨다. 서로 다른 나라, 서로 다른 색깔의 얼굴들이 모여 사는 이곳에서 우린 불소통(不疎通)의 담을 뛰어 넘기가 힘들 수밖에 없다. 그러나 따뜻한 관심과 작은 배려, 하찮은 도움 한 조각은 서로의 마음을 여는 향기가 되어 담을 넘는다.

태양 읽기

지구에서 가장 가까운 항성인 태양은 태양계의 중심에 있으며, 지구를 비롯한 8개의 행성, 위성, 혜성, 유성 물질들의 운동을 직접 또는 간접으로 지배하고 있는 항성이다. 태양의 지름은 약 139만 2천 킬로미터로 지구의 109배에 달한다. 태양과 지구와의 거리는 대략, 1억 5000만 킬로미터(1천문 단위) 떨어져 있으며, 빛이 태양으로부터 출발하여 지구까지 오는 시간은 약 8분 19초가 걸린다고 한다.

얼마 전, 나는 피 검사 결과 비타민 D3 부족으로 '비타민 D3' 영양제를 먹으라는 담당 의사의 처방을 받았다. 햇빛을 쏘이면 비타민 D3가 생성된다는 의사의 말을 들으며, 믿기지도 않고 잘 이해도 안 되었다. 그러고 보니, 햇볕에 서 본 지가 오래된 것 같다. 거의 실내에서만 일하며 어쩌다 시간이 나도 귀찮아서 밖에 나가지 못한 생활이 반복 되었었다. 나는 사전을 뒤져가며 태양과 비타민 D3의 관계에 대하여 알아보았다.

사람의 피부에는 비타민 D3의 선구체인 프로비타민 D가 많이 존재하고 있어 햇볕의 자외선에 노출될 때 '비타민 D'로 변하게 된다. 그러나 자외선은 유리를 통과해서 실내로 들어올 수 없어 실내에서 오래 생활하는 사람은 비타민 D의 결핍을 주의해야 한다. 결핍되면, 어린이에게는 구루병, 어른에게는 골다공증, 또는 골연화증 증세가 생기게 된다. 한편, 과다섭취하면 간에 축적되어 고칼슘혈증, 식욕부진 등의 부작용도 초래할 수 있다. 생선의 간이나 달걀노른자, 버터, 비타민 D가 첨가된 우유 등에 비타민 D가 많이 들어 있다 한다.

처음 미국에 와서, 우리 아파트 앞 잔디에 이동식 의자를 뒤로 길게 펴놓고 엄청나게 뚱뚱한 아래층 여자가 비키니차림으로 누워 있는 것을 보며, 눈을 어디다 두어야 할지 몰라 당황스러웠던 기억이 난다. 햇빛 좋은 날엔 집 앞이나, 공원에서 옷을 벗어젖히고 일광욕을 즐기는 미국 사람들을 흔히 보게 된다.

외출할 때는 될 수 있으면 햇볕을 안 쏘이려 양산으로 가리고, 모자나 긴 팔 소매로 피부를 감싸며 사는 것이 상식으로 알고 생활하던 내게, 미국 사람들은 왜 저렇게 피부를 일부러 태우나 이해가 안 되었다. 백인의 피부가 유색인의 피부보다 약해서 저항력을 길러주려고 일광욕을 하나보다 쯤으로 생각했다. 햇볕을 통하여 비타민

D3를 얻으려는 그들을 이제야 이해 할 수 있게 되었다.

비타민 D3를 사다가 며칠째 먹으면서 해 드는 날엔 시간을 내어 볕을 따라 나갔다. 청량한 바람 한 사발 들이키니, 내 몸 속 구석구석 쌓여 있던 묵은 찌꺼기 모두 고개 들고 나오는 것 같다. 온 대지는 푸르름으로 가득하고, 부드러운 햇빛이 모든 생명을 끌어안고 있다. 초목도, 땅밑의 벌레들도, 여기 서 있는 나까지도 따뜻하게 쓰다듬어 주었다. 내 속에서 비타민 D3가 만들어지고 있는 것이 느껴지는 것 같았다.

뒤곁에 심은 채소가 해 드는 쪽에 심겨진 것이 실하게 잘 자라나고, 실내에 있는 화초도 햇빛과 먼 곳에 놓아둔 것은 어느 사이 죽고 마는 것을 본다.

창세기에 보면, 태초에 하나님이 천지를 창조하실 때에 땅이 혼돈하고 공허하며 흑암이 깊음 위에 있었다고 했다. 모든 생물을 만들기 전, 그가 처음 만든 것은 빛이었다. 태양은 우주에 존재하는 모든 생명을 키우는 에너지의 근원이 되는 것이다.

언제나 떠있는 태양. 난 한 번도 그 태양에 대하여 특별히 생각해보지 않았다. 매일 10분 이상만 햇볕을 쪼여도 우리 몸이 필요한 양의 비타민 D3가 만들어진다고 한다. 그렇다면 매일 뜨는 저 태양의 값은 얼마일까? 거저 얻는 자연의 빛 한 줄기의 가치를 내 머리로는 도저히 계산할 수 없다. 나는 이번 비타민 D3의 결핍 증상을 통하여 조물주의 완전한 창조를 생각하게 되고 다시 한 번 깊은 경외심을 느끼게 된다. 그가 원하는 인간의 삶은 해 아래 흙 갈아 씨 심고 곡식 얻으며 감사하는 모습이 아닐까 생각해 보았다.

과학문명은 인간의 삶을 더 편리하도록 놀랍게 발전하고 있다. 그 문명의 편리함은 불리한 후유증도 함께 만들어내고 과학은 그것을 없앨 대체품 만들기를 반복한다. 결국 인간의 과학은 한계에 부딪쳐 쌓이고 그 대체품은 풀 수 없는 독이 되어 우리의 몸에, 또한 자연에게 돌아오고 있다.

저 눈부신 태양을 내가 다 읽어낼 수는 없지만, 조물주의 창조 속엔 생명과 함께 치유까지 주어졌음을 알게 되었다.

나이 먹기

예전에 연세가 많으셨던 내 시어머님은 방문한 손님이 어머니의 연세를 물으면, "에미야, 나 얼매 먹었냐?" 하시며 나를 불러 세우곤 했다. 나이 드는 것 생각 않고 사시니까 그러셨는가? 어머니는 그때 80이 넘으셨으니 당시로서는 오래 사신 편이라 할 수 있었다.

어릴 때에는 손꼽아 기다리던 세월이 그리도 느리게 가더니, 요즘엔 한 일도 없이 덜컥 새해 앞에 서게 되면 왠지 당혹스럽고 우울해지는 기분이 든다. 한 해를 보탠 세월의 궤적(軌跡)이 몸의 여기저기에 나타나면, 관심 밖이던 건강 사이트 검색이 잦아지고 식탁 위엔 이것저것 좋다는 건강식품들이 늘어간다.

예순 살이 슬픈 게 아니다
예순이란 숫자에 때때로

움츠러드는 마음이 슬프다
아직도 핏줄은 용틀임 하고
넓은 가슴은 이리도 청청한데
어찌 예순 살에 어깨를 움츠리랴.

-「예순살」 작자미상

이 시를 보면 작자는 꽤 건강한 편이었나 보다. 그런대도 슬프다 한다. 늙는다는 것은 슬픈 것인가 보다. 누가 뭐라지 않아도 나이가 들게 되면 마음부터 늙기 마련인 게다.

이문구의 「관촌수필」에는 어머니가 친정에서 데려온 '먼젓것'이라고 부르던 어린 계집아이가 있었다. 저자의 할아버지는 그 아이에게 '옹점이'라는 이름을 지어주었다. 그녀의 어머니가 급하게 질그릇 굽는 옹기 틈새에서 낳았다 해서 붙여준 이름이다. 나이를 물어보는 할아버지에게 옹점이가 대답했다.

"지 에미가 그러는디 제년이 작년까장은 제우 여섯 살이었대유, 그런디 시방은 잘 모르것슈."

늬가 늬 나이를 모른다 허느냐는 할아버지의 호통에 옹점이가 심각한 얼굴로 대답한다.

"예, 위떤 이는 하나 늘어서 일곱살이라구 허던디 또 누구는 하나 먹었응께 다섯 살이라구 허거던유."

옹점이가 확실한 제 나이를 말하지 못하는 것을 나도 이해한다. 나도 그만 때 옹점이와 똑같이 헷갈려 했었다. 한 살 먹었으니까 빼야 할지, 더해야 할지….

요즘은 한국인의 평균 수명이 80을 넘게 산다고 한다. 그러면 70살쯤부터는 나이를 아예 먹어 없애는 것이 어떨까? 옹점이처럼 말이다. 내년엔 하나를 먹어버렸으니까 69살, 그 다음 해에는 68살, 67살. 이 해가 가면 또 한 살이 젊어진다는 자기 최면에 사는 것도 나쁘지 않을 것 같다. 젊은이들의 눈에 노망 난 노인네로 보이지 않을 정도로만 말이다. 이제는 부양할 가족에 대한 책임도 끝나 마음이 여유로워졌으니 천천히 지나온 세월 동안 얻은 지혜와 경험을 세상에 나누면서 청청한 가슴을 유지하며 사는 것도 괜찮을 것 같다. 결국 늙음은 마음먹기 탓이 아닐까?

누구에게나 하루는 24시간의 길이가 주어진다. 시간은 공평하다.

나이는 누구나 먹는다. 해가 누구에게나 비치는 것처럼 모든 생명체는 주어진 시간을 산다. 누구나 즐겁게 행복하게 살기를 원한다. 그러나 그렇게 행복하고 즐겁게 산다는 것이 말처럼 그리 쉬운 일인가?

시간은 기다려 주지 않고 세월은 돌이킬 수 없다.

오늘도 매 순간 순간 편한 숨 쉴 수 있었음에 감사하며, 가고 싶은 곳 가고, 보고 싶은 것 볼 수 있었음을 감사해야겠다. 새로 피어 오른 봄꽃을 보면서, 그 깊이를 알 길 없는 저 출렁이는 바다를 보면서…. 가끔씩 손을 모으고 세상에 겸손해야겠다.

이 아름다운 세상에 살아있음을 감사해야 할 일이다.

누군가 그런 말을 했다. '사람은 나이를 먹는 것이 아니라 좋은 포도주처럼 익는 것'이라고.

나는 향기로운 포도주가 될 수 있을까?

사람의 마음속엔

아는 분으로부터 슈퍼에서 있었던 이야기를 들었다.

15불짜리 페퍼타올을 9불에 세일한다는 가격표를 보고 한 다발을 들고 계산대 앞에 섰다고 한다. 다른 필요한 일용품을 십불 어치 사고 지갑엔 딱 십 불이 남아 있었는데, 계산대의 직원이 이것은 다른 물건을 25불 이상 어치를 샀을 때에만 세일가격에 준다고 했다한다. 할 수 없이 그 페퍼타올을 도로 내려놓는 것을 보고 있던 다음차례의 미국 여인이 자기가 그 값을 치르고 그 페퍼타올을 주면서 가져가라 하더란다. 한사코 사양했지만 하도 권하길래 할 수 없이 받으며 이름을 알려달라고 했단다. 자신이 다니는 교회에서 새로 오픈하는 봉사센터에 의자 하나를 도네이션을 하려고 하는데, 당신의 이름으로 하고 싶다고 했더니 고맙다며 이름을 써주어 그 미국여인의 이름으로 도네이션을 했다고 한다. 그분은 고

마운 그 미국 여인의 이름을 잊지 못할 거라며 환하게 웃는다. 미국은 땅이 크고 부자나라여서 그런지 몰라도 이렇게 남을 돕는 일을 즐겨하는 것을 본다. 참 여유로운 모습이다. 세상에는 험하고 안 좋은 일도 많이 일어나지만, 소리 없이 따뜻한 마음을 나누는 이야기들도 많이 듣는다.

얼마 전, 나는 뉴욕시티 메트로폴리탄 뮤지움(Metro politan musum)에서 하는 '황금의 나라, 신라' 특별전을 보기 위해 버스로 맨해튼(Manhattan)엘 나갔다. 도시의 중심인 42번가 버스터미널에 내리니 뉴저지 촌뜨기는 어리둥절할 뿐이었다. 밖으로 나와 뮤지움 쪽으로 가는 시내버스를 탔는데, 현금을 내미는 내게 운전사는 현금은 받지 않는단다. 당혹해 하는 순간, 어디서 나타났는지 어떤 청년이 자신의 메트로카드를 요금함에 갖다 대더니 그대로 내려버린다. 나는 청년의 얼굴도 보지 못하고 버스에서 내려서는 검은 배낭을 맨 그의 뒷모습만 볼 수 있었다. 고맙다는 인사도 못한 순식간의 일이었다. 비록 적은 액수이지만 선뜻 모르는 이에게 던진 그의 마음이 고마웠다.

사람은 태어나면서부터 스스로의 힘만으로는 살 수가 없다. 부모, 형제, 이웃과 친척, 친구나 공동체, 아니 전혀 알지 못하는 사람들에게서 알게 모르게 도움을 받으며 살아간다. 그런데도 우리는 스스로의 힘으로 서 있다는 착각으로 살 때가 많다. 내 것, 내 자식, 내 가족, 내 공동체, 나, 나의… 온통 내 것 외엔 돌아보지 않는 옹졸함 속에서 살아갈 때가 많다. 그러나 그 옹졸함 속에도 사람의 마음속엔 사랑이라는 향기롭고 귀한 기름이 흐르고 있어 세상은 수많은 따뜻한 이야기들을 만들어가며 사는 것 같다.

톨스토이의 단편집에 「사람은 무엇으로 사는가」라는 이야기가 있다. 가난한 구두수선공 세몬은 교회 옆을 지나다가 벌거벗은 몸으로 추위에 떨고 있는 남자를 발견한다. 외상값을 받아서 따뜻한 털외투를 사오라는 마누라의 목소리를 잊지는 않았으나, 외상값을 겨우 20코페이카밖에 받지 못한 세몬은 털외투를 사기엔 턱없이 모자라다는 핑계로 보드카를 사서 마시는데 20코페이카를 몽땅 날려버렸다. 마누라로부터 들을 잔소리를 후끈하게 달아오르는 술기운으로 덮으며 집으로 향하는 중이었던 것이다. 저 사람을 어찌해야 하나. 마누라의 펄펄 뛰는 험악한 얼굴과 저 사람을 도와야 한다는 양심 사이에서 세몬은 몹시 곤혹스럽다. 그는 그렇게 갈등하며 어느 사이 교회를 그냥 지나쳐갔다. 그러나 그의 뒤통수를 잡아끄는 사람의 선한 양심의 소리가 세몬의 발길을 돌리게 했고 그 사람에게 달려가게 했다. 자신의 낡은 외투를 벗어서 그를 감싸고, 수선할 일감으로 받아 들고 오던 털장화를 그의 언 발에 신긴다.

얼어 죽기 직전에, 세몬으로부터 목숨을 구할 수 있게 된 그 알몸의 사람은 하나님의 명령을 어긴 죄로 땅에 떨어진 미하일 천사였다. 화가 머리끝까지 오른 아내에게 하나님의 사랑을 생각해 보라는 남편 세몬의 말에 아내 마트료나의 마음이 열리는 것을 천사

미하일이 지켜본다. 그리고 인간의 마음속엔 사랑이 있음을 발견하게 된다.

유태인 어머니들은 학교에서 돌아온 자녀에게 '오늘은 선생님에게 몇 번 질문을 하였니? 오늘은 누구에게 어떤 좋은 일을 하였니?'라고 묻는다고 한다. 어릴 때부터 타인을 향한 배려와 사랑을 습관처럼 몸에 배이게 하려는 교육인 것 같다.

'신라 특별전'에서, 미세하게 흔들리던 황금금관의 그 현란한 장식을 통해 옛 신라왕국의 융성함을 볼 수 있었고, 저녁에 지인들과 합류해서 본 뮤지컬도 감동적이었지만, 얼굴도 모르는 이로부터 받은 작은 도움 또한 계속 잊혀지지 않는다.

그리고 톨스토이의 말이 귓전을 맴돈다. "다만, 사랑하는 자만이 살아있는 것이다."라고.

솔베이지의 노래

여고 시절, 어느 음악시간이었다. 현란한 피아노 연주소리가 음악실로 향하는 복도에까지 들렸다. 우리 학교에 오신 지 얼마 안 되는 핸섬한 음악선생님은 눈을 지그시 감고 신들린 듯한 손놀림으로 '솔베이지의 노래'를 연주하고 있었다. 연주를 마치고 선생님이 일어났을 때 교실 안은 찬물을 끼얹은 것처럼 조용했다. 알 수 없는 슬픔 같은 묵직함이 처녀들의 가슴을 눌러 내리고 있었다.

그 겨울이 지나 또 봄은 가고 또 봄은 가고,
그 여름날이 가면 또 세월이 간다. 세월이 간다.

이 '솔베이지의 노래'는 노르웨이 작곡가 Edvard Grieg(1843~1907)의 곡으로, 같은 노르웨이 태생의 문호 입센의 희곡 「페르귄

트」 전 24곡 중에 하나이다. 방랑의 길을 떠난 주인공 페르퀸트가 돌아오기를 애타게 기다리는 솔베이지의 영원한 사랑을 노래한 것으로 1875년에 쓰였다.

찬 겨울이 지나 봄이 수십 번 다시 오지만, 약혼자 페르퀸트는 돌아오지 않고 아름답고 순결한 처녀 솔베이지는 매일같이 사랑하는 이가 돌아올 마을 앞, 산 고갯길을 바라보며 늙어간다. 천신만고 끝에 페르퀸트가 고향으로 돌아왔지만, 어머니는 이미 돌아가시고 머리가 하얗게 쇤 솔베이지가 역시 다 늙어 버린 노인 페르퀸트를 맞는다. 자신의 무릎에 머리를 누이고 눈을 감은 연인을 안고 '솔베이지의 노래'를 부르며 그녀도 페르퀸트의 뒤를 따라 눈을 감는다. 선생님으로부터, 이 곡의 애절한 사연을 전해 들으며 우리 모두는 눈물을 훔쳐냈다.

내 아이들이 어렸을 때, 이웃에 사는 아이들 친구 엄마가 가끔 우리 집에 놀러오곤 했다. 그 집과 우리 집은 홀로 된 시어머님을 모시고 사는 공통점이 있었다. 그분은 자신의 시어머님 이야기를 내게 들려주었다. 그분의 시아버님은 결혼한 지 두 해 만에 스무 살 젊은 아내와 돌도 채 안된 아들 하나를 남겨놓고 일본으로 유학을 갔단다. 그곳에서 학도병으로 끌려가 전쟁을 치르고 일본여인을 만나 가정을 이루어 일본에 눌러 앉았다. 시아버님은 그동안 두어 번 한국에 나와 아들가족과 옛 아내를 잠깐 만나고 갔다한다.

그녀의 시어머님은 남편이 떨어트리고 간 아들 하나를 키우면서 행여 돌아올까 하염없이 기다리며 늙어갔다. 남편을 기다리던 수많은 봄이 그녀를 그냥 지나쳐 가버렸다. 장성한 아들을 짝 지워 손주들을 얻은 시어머니는 이제 머리가 허옇게 쇠어가지만, 아직까지도 남편이 돌아올 것을 기다리며, 한 번도 덮지 않은 새 비단 이불을 준비해 놓고 있다고 한다. 젊은 며느리는 이런 시어머니를 이해할 수 없다며 혀를 내둘렀다. 그분의 시어머니는 솔베이지처럼 사랑하는 이를 자신의 무릎에 누이고 같이 마지막 숨을 거두게 되기를 기대하는 것일까?

이광수의 소설 「사랑」에서 석순옥은 가정이 있는 남자, 가질 수 없는 사람, 안빈을 위해 자신의 그 어떤 욕망도 철저히 자제하며 오직 사모하는 사람을 도우며 살아간다. 타인이 보기엔 희생한다로 밖에는 이해할 수 없는 사랑법으로….

사랑은 원래 무모(無謀)하다. 누군가를 사랑한다는 말 속엔 희생이란 단어가 포함되지 않는다고 생각한다. 나를 위해 그에게 주고, 나를 위해 참고, 나를 위해 기다린다고 할 수 있는 것이 사랑이 아닐까? 왜냐하면, 그는 내가 되기 때문이다.

연모하는 이에게 자신의 마음을 내놓지 못하고 애만 태우던 우리 시대의 어설픈 세월은 다 지나간 듯하다. 한 번도 덮지 않은 이불을 준비하고 기다리는 그 할머니나 솔베이지 같이 사랑하는 이를 기다리며 자신의 온 생애를 바치는 것이 비이성적인 삶이라고 치부하기엔 그들의 순수함이 오히려 거룩해 보인다.

얼마 전, 「하모니」란 한국영화를 보았다. 거기에서 여자 수형자들이 합창으로 부른 곡이 '솔베이지의 노래'였다. 각기 다른 인생길에서 수형자로 그곳에 만난 그들의 사연들은 아프고, 안타깝고, 억울하기까지 한 슬픔을 지니고 있었다. 사랑하는 가족과 같이 할 수 없는 별리(別離), 그들이 부른 그 노래는 숨이 멎을 듯이 애절하여 듣는 이의 가슴을 울렸다. 노래를 부르는 그들의 내면은 이미 순결한 솔베이지가 되어 있다고 생각되었다.

'누군가를 사랑한다는 것은 자신을 그와 동일시하는 것이다'라고, 그리스의 철학자 아리스토텔레스는 사랑을 그렇게 정의했다.

닳지 않는 전지

한국에 휴대전화가 한창 보급되기 시작한 건 1990년대부터라고 기억된다. 시간과 공간의 제약이 없는 전파의 힘이 너무나 대단하고 편리함에 사람들은 환호했다. 지금은 아이 어른 할 것 없이 휴대전화 하나씩 가지고 다니는 것은 필수 기본이 되었다. 그래도 난 미국에 이민을 온 뒤로도 휴대전화 없이 살았다. 집전화가 있는데 요금 따로 물어가며 휴대전화기를 쓰랴 싶어 사는 것을 미루고 있었다.

어느 날, 고속도로를 달리던 내 차의 타이어가 펑크가 나는 사고가 났다. 식구들에게 연락을 할 수가 없어 막막했다. 이럴 때 휴대전화기가 꼭 필요하구나 생각되었다.

그 후, 아이들이 아빠와 엄마 것 2개의 휴대전화기를 사들고 와서 사용법을 설명해 주었다. 수많은 기능이 내장돼 있는 최신형이었다. 전화는 하루 한두 번 올 때도 있고 한 번도 안 올 때도 있다. 거의 식구들에게서다. 전화 들고 다니는 것이 익숙지 않아 그나마 전화기를 집에 놓고 나올 때도 많아서 모처럼 전화한 사람의 원성을 듣기도 했다.

한 모임에서 옆에 앉은 분이 내게 전화를 좀 빌려 쓸 수 있느냐고 물었다. 자신의 전화기를 미처 충전하지 않아 전원이 꺼졌다고 한다. "예?"라는 대답과 함께 내 머릿속의 둔한 계산기가 계산을 시작했다. 내 전화도 배터리가 거의 다 되지 않았을까? 불안해하며 전화기를 옆에 분에게 건넸다. 그분이 전화를 받아서 통화를 하는 것을 보니 아직 기능을 하고 있는 것이 분명했다. 산 지, 벌써 두어 달이 지난 것 같은데 난 한 번도 내 전화기를 충전한 적이 없다. 잘 안 쓰니까 안 닳나 보다 했다. 테이블 위에 꺼내놨다가 아침이면 그냥 들고 나오곤 했다. 아! 남편이 자기 것을 충전하면서 내 것도 충전하곤 했나보구나. 생각이 미치며 요즘 소소한 일로 남편에게 불만을 쌓고 있던 나를 돌아본다.

집으로 돌아오는 길에 허드슨 강변 팔리세이드 파크웨이 전망대에 차를 세웠다. 절벽 아래로 강물이 유유히 흐르고 있었다. 저 멀리 맨하튼의 빌딩 숲이 시끄러운 소음을 어디에 감추었는지 조용하기만 하다.

연두색 저고리에 다홍치마 팔랑이며 새신랑 따라 신행 가던 때가 물 위에 비쳐진다. 서울에서 시외버스를 타고 충청도 음성의 한 허름한 읍내에 내렸다. 얕은 야산을 몇 개나 지나는 길엔 가끔 마을도 보였지만 모든 것이 멈춰선 듯, 너무나 조용한 시골이 내겐 생경하게 보였다. 논엔 못자리에서 어린 모가 자라던 즈음이었다. 서울에서 자란 나는 소풍 가듯 들꽃을 꺾으며 티 한 점 없는 맑은 햇빛 사이를 걷는 것이 즐거웠던 철없는 새색시였다.

이른 아침, 문간방 아궁이에 소여물 끓이시는 시어머님 곁에 앉아 불을 때는 것을 구경하며 거들었다. '탁, 탁' 하며 마른 콩대에 달린 빈 콩 껍질 타는 소리가 신기했다. 어머님은 내게 눈짓으로 윗동서가 아침 준비하는 부엌에 가서 도우라는 표시를 하셨다. 부엌에 들어섰지만 무얼 어찌해야 할지 몰라 서성대는 나를 동서는 아궁이 앞에 앉혔다. 형님은 그래도 제 자리에 찾아든 나이 어린 동서가 기특하다는 표정이었다. 철없는 어린 며느리가 윗동서에게 밉보이게 될까봐 부엌으로 들여보낸 시어머님의 마음을 느끼며, 내 가족이구나, 시어머님이 내 속에 자연스레 자리하는 순간이었다.

큰시숙이 비닐 비료포대에 감자, 고구마를 넣어 새끼줄로 묶어 주었다. 고춧가루, 참깨, 콩과 말린 대추까지 봉지봉지 싼 보퉁이가 또 한 보따리, 됫병에 참기름, 들기름까지…. 마침 읍내로 나가는 남편보다 나이 많은 육촌 조카가 우리를 경운기로 읍내까지 데려다 주었다. 신혼부부에 어울리지 않는 누추한 짐보따리들이지만, 서울에 올라가면 당장 요긴하게 필요한 식재료들이기에 사양하지 않았다.

선보고 두 달 만에 아무 감정 없이 어른들의 성화에 떠밀려 결혼한 부부였지만 비료포대를 묶은 투박한 새끼줄처럼 그는 그렇게 내게 남편이 되어갔다. 그로부터 30여 년, 아이들 둘 다 결혼해 나간 후로, 우린 좋을 것도 싫을 것도 없는 무덤덤한 세월을 살고 있다. 그는 원래 분위기와는 거리가 멀다. 그에게 센스 있는 이벤트로 나를 감동시켜달라는 기대는 애저녁에 접고 산 지 오래다.

헌데 오늘 난 남편에게 감동 먹었나 보다. 무덤덤한 그는 여전히 철없이 허둥대는 내게 닳지 않는 전지였음을 깨닫는다.

부부는 추울 때나 더울 때나, 건강할 때나 병들었을 때나, 잘나서 사랑하는 것이 아닌, 못나도 미워할 수 없는 한 몸이어야 한다는 결혼식 주례 앞에 약속한 사이가 아니던가?

나도 마실간다

때때로 나는 한국에서 방송하는 TV프로그램들을 다운로드해서 보곤 한다. 나의 관심은 주로 시골풍경이다. 그중에서도 지방을 마실 돌며 찾아가는 '남도 지오그래피'라는 프로를 즐겨본다. 그 외에도 어촌을 돌며 바다를 일구어 사는 어민들의 삶과 물결에 흔들리며 떠 있는 아름다운 섬들을 찾아가는 프로, 또는 고향의 특별한 소식이나 한국의 전통 음식을 찾아가는 프로도 자주 보게 된다. 가만히 앉아 마실을 따라 다니면서 나도 그곳의 마을을 찾는 나그네가 되어본다.

한겨울인데도 땅에 납작 엎드린 시금치 파란 잎이 차지고 싱싱하다. 시금치 밭 언덕 아래로는 넘실대는 파도가 해풍을 밀어오고 있었다.

카메라를 들이대고 시금치 캐는 아낙에게 다가가 "시금치 잘 됐어요?" 하고 묻는 방송국 촬영기사에게, "잘됐는지 뭔지, 고라니가 와서 다 묵어부렀어. 어쩌것어, 나놔 묵어야제."

깔고 앉았던 똬리같이 생긴 납작한 플라스틱 의자를 밀치며 아낙이 일어섰다.

햇볕에 그을리고 주름진 얼굴에 웃음이 환하다. 우리 집 뒤뜰에 애써 가꾼 야채를 사슴들이 와서 다 잘라먹은 것을 보고 화를 내던 내 모습이 얼른 눈앞에 어린다. 윤기 나는 연둣빛 껍질에 살짝 핑크빛이 돌기 시작한 토마토를 다음 주엔 따먹어야지 하고 기다렸는데 줄줄이 달린 잔 열매까지 다 먹어 치웠으니 내가 화 날만 하지 않았나 또 속에서 할 말이 솟구친다. 그래도 "나놔 묵어야제" 하던 시골촌부의 넉넉함 앞에 나의 옹졸함이 대비될 수밖에 없다.

마당에서 깨를 떨고 있는 연세가 90이 넘은 노인을 향해 촬영기사가 "안녕 하세요? 방송국에서 나왔어요." 하며 열려있는 대문으로 들어선다. 알아듣지 못한 할머니는 "어서 왔어?" 여러 차례 되물은 다음에야 "이~잉 방송국이서? 나 찍어서 뭐허게?" 하시면서도 연신 당신의 머리를 매만지신다. 괜찮다고 사양하는 기사를 잡아끌어 마루에 앉히더니 투박한 손으로 믹스커피를 타서 "잡솨아" 하며 커피 잔을 맨 바닥에 놓는다. 오 남매가 자라날 시절엔 옹색하기만 했을 집이, 이제는 떠나간 식구들의 흔적들을 깔고 앉은 할머니 혼자 사시기엔 너무 적적해 보였다. 벽에 걸린 사진 속 자식 자랑에 힘겹게 허리를 펴고 “이게 큰아들, 그 옆이 큰메누리, 이게 둘찌, 서울서 직장 댕겨.” 3남 2녀의 자식들을 꼽으시는 할머니의 목소리에 점점 더 힘이 들어간다.

낡은 유모차를 의지하고 힘겹게 걷는 어느 할머니를 카메라가 따라간다. 회관에 들어서니 막 점심을 드시려던 10여 명의 노인들이 모여 계셨다. KBS에서 마실 왔다는 말에 “으응, 지 ~이 래피? 새빅이 나오는(새벽에 방송되는)?” 그중에 조금 젊어 보이는 할머니 한 분이 알아듣고 반갑게 답한다.

‘지오그래피(geography)’라는 말은 지리, 지리학이라는 뜻으로 남도의 지리적 소통을 돕기 위해 만든 프로그램인 것 같은데, 시골 노인들이 쉽게 부를 수 있는 같은 뜻의 우리말은 무엇이 어울릴까? 공연히 오지랖 넓게 고민을 해본다.

섬 주위를 돌며 광어, 도다리, 바다장어 등을 낚시로 잡아 작은 유람선을 타고 섬 주위를 관광하는 관광객들에게 배 위에서 직접 회를 떠주면서 살아가는 어느 부부의 모습도 인상적이었다. 갓 잡아 올린 야들야들한 회 한 점을 초고추장에 찍어 먹는 맛은 어떨까? 부러움을 차곡차곡 담아 다음 한국 방문일정에 모아둔다.

선창가의 어시장은 고기를 푸는 어부들과 상인들, 그리고 싱싱한 생선을 사려는 소비자들로 붐볐다. 가오리, 홍어, 돔 등 펄떡 펄떡 뛰는 생선들이 사람들의 흥정을 부추기고 있다.

조개 한 소쿠리에, 서너 개의 덤을 더 담아주는 주인아주머니의 넉넉한 손길에 사는 이가 만족한 웃음을 웃는다. 보는 나도 기분 좋은 미소를 머금게 된다.

아! 덤도 그립다.

수만리 떨어진 이곳에서, 나는 지리적 경계를 넘어 고국을 그리는 갈증을 달래려 영상 마실을 떠나곤 한다.

남자와 여자여야 하는 이유

5월의 땅속이 시끄럽다.

요즘은 땅을 밟는 것이 아니라, 생명으로 가득한 왁자한 소음을 밟는 것 같다. 지인의 뜰에 자라고 있는 어린 꽈리나무 모종이 수북히 올라오고 있었다. 어린 모종을 두 뿌리 얻어왔다. 아파트 거실의 볕이 잘 드는 창가에 놓으니 키가 쑥 쑥 자라고 별 모양의 하얀 작은 꽃이 잎이 난 자리마다 피어났다. 주렁주렁 주홍빛으로 물들어 갈 꽈리를 보게 될 기대에 부풀어 열심히 물을 주고 정성을 쏟았다.

그러다 어느 날 제일 먼저 핀 꽃이 누렇게 시들고 있는 것을 발견했다. 그러려니 꽃이 져야 열매가 맺힐 테니까. 아무리 꽃이 진 자리를 들여다봐도 아무것도 돋아나지 않았다. 꽃은 차례대로 열매 없이 떨어지고, 나는 여러 가지로 열매를 못 맺는 이유를 생각해보기에 이르렀다. 방충망 때문에 곤충들이 꽃가루를 묻혀주지 못하는 것이 아니냐고 남편에게 물었더니, 그래도 바람으로 수정이 될 것이란다. 그런가? 하고 며칠을 기다리는 사이 마지막 남은 꽃도 떨어져 버렸다. 잎만 무성한 꽈리나무를 망연자실하여 바라볼 수밖에 없었다.

그런데 며칠 후, 위에서 새잎이 나오면서 좁쌀만한 몽오리가 같이 나오는 것이 보였다. 그것이 흰 꽃이 되었다. 그 위에도 또 하나의 꽃몽오리가 솟아 나오고 있었다. 나는 부리나케 화분을 밖으로 옮겨놓았다. 씨를 맺게 해줄 나비나 벌이 이 작은 꽃에 다녀가기를 간절히 바라며….

드디어 꽃이 진 자리에 아주 작은 돌기 같은 것이 맺히고 있는 것을 발견했다. 어렵게 생명을 잉태한 화분을 실내의 창가로 옮겨놓고 혹여, 유산(?)이라도 될세라 첫 아기를 가진 새댁을 대하듯 매일같이 열매를 살폈다. 초록빛 꽈리열매는 하루가 다르게 벙거지고 있었다. 새댁의 봉긋이 불러오는 배처럼….

지금 우리는 옛 사람들이 들으면 억울할 만큼 참 편한 세상을 살고 있다. 한 세기 전만 해도 겨울에 언 냇물을 깨서 빨래를 하고, 끼니때마다 불을 때서 밥을 짓느라 부엌은 온통 검은 그을음으로 가득했다는데 현대인들은 얼마나 편한 세상을 사는 것인가? 손끝의 터치 한 번으로 밥이 되고 빨래가 되고, 가만히 앉아서 세상의 모든 정보와 지식을 공유하고 소통하는 첨단과학 시대를 살고 있다.

앞으로 과학이 어떻게 변화, 발전하게 될지 모르지만, 여자와 남자, 즉 모든 생명체의 암수의 결합 없이는 생명을 생성시킬 수 없는 것이 자연의 법칙이며 창조주의 엄중한 창조질서임을 나는 확인하고 있다. 자녀를 낳고 키우는 수고는 없이 쾌락만 쫓는 세상이 언제까지 존재할 수 있을지 두렵다. 인공으로 수정시켜 대량으로 생산되는 병아리처럼 사람이 그렇게 생산되는 괴물의 세상이 되는 것은 아닌지. 자식을 키우는 것은 힘들고 어려운 일이지만, 자식을 키우며 얻는 즐거움과 보람을 무엇에 비하겠는가?

자연은 날마다 그 주인의 운행하심을 드러낸다. 싹을 틔우고, 꽃을 피우고 지며 뜨거운 햇살에 열매를 익힌다. 잎이 그 생명을 걷고 떨어져 내리면, 혹독한 겨울은 새로 올 봄을 위하여 새 생명의 잉태를 준비한다. 하늘의 순리를 거스르는 이 세태가 두렵다.

스윗 레인(sweet rain)

'단비'라 이름한 우리 찬양팀은 한 달에 한 번 병원이나 양로원을 찾아 외롭고 힘든 시간을 보내고 있는 사람들에게 찬양을 불러드린다. 다른 젊은 대원들과 달리, 아직도 입 속에서 혓도는 남의 말 같은 영어로 곡을 따라가기가 내게는 쉽지 않지만 우리는 전날 정성껏 연습하여 단정한 마음으로 그들 앞에 선다. 우리의 조용한 울림 속에 그들의 마음이 열리고 그 속에 가늘고 따뜻한 위로의 단 빗줄기가 스며들기를 간절히 바라는 마음이다.

출입이 제한되는 그 병원의 치매병동은 다른 층과 달리 특유의 냄새가 확 끼쳐온다. 3~40여 명의 환자들이 여기저기 탁자를 사이에 두고 마주 앉아 있지만 늘 조용했다. 그들의 무념무상(無念無想)의 초점 없는 눈에는 아무 말도 들어있지 않았다. 아니, 할 말을 빼앗긴 체념의 눈빛이리라. 붙잡은 두 손을 놓지 않고 망연히 내 얼굴을 바라보던 미국 할아버지, 우리의 찬양에도 다 소용없다는 듯 늘 우울한 표정의 눈을 감은 50대의 흑인 여인, 어쩌다 여기까지 오셨는지, 반갑게 우리 노래를 따라 부르기까지 하는 백인 여인은 그중에 가장 또렷해 보였다. 한인 할머니도 한 분 계셨다. 종이 접시 위에 바나나 한 개와 먹던 수박 한 쪽 자꾸 휴지에 싼다. "이거 왜 싸세요?" 묻는 내 말에 일어서며 뭐라고 혼자 중얼거리시더니 "손자, 손자" 하시며 자리를 뜬다.

말이 안 통해 더 갑갑하실 그 할머니. 홀로 벽 속에 갇힌 듯 얼마나 외로우실까? 마음이 짠하다. 내 피붙이를 두고 나오는 듯 돌아서 나오는 발걸음이 무겁다. 집에 돌아와 나는 이런 시를 긁적여봤다.

치매 병동에서

지나온 세월 모두 지워지고
출입이 통제된
정지된 시간을 사는

종일 본 적 없는 사람들과
마주앉아
시간을 흘린다
끝도 없이

말 못하는 침묵만이
회색 탁자 위에 내려앉고 있다.

같이 놀자

미국에서 제일 대우받는 사람은 장애자와 노인, 그리고 아이들이라고 생각된다. 결국 약자를 배려하는 것이 이 나라의 복지 혜택 1순위인 것 같다. 반면, 건강한 사람은 일해서 세금내기에 힘들지만 불평할 일은 아니라고 생각된다. 장애로 인한 불편함과 마음의 고통에 견줄 수는 없겠기에 말이다. 내게 돌아올 혜택이 가까워 오기 때문인지 이 나라의 비싼 세금에 수긍이 간다.

장애를 가진 한국아이를 입양한 젊은 미국인 부부의 기사를 읽었다. 내 자식도 아니고 더구나 잠시도 눈을 뗄 수 없는 몸이 불편한 아이를 키우려는 그들을 보며 스스로 고개가 숙여진다. 자식은 부모의 눈에 아이가 배워가는 말소리 하나, 움직임 하나, 모두가 신비이고 가슴 가득해지는 기쁨이며 행복이다. 그러나 때때로 아이가 아프기라도 하면 부모는 창자가 녹는 듯한 안타까움을 느낀다. 장애로 인한 아픔을 겪는 자식을 바라보아야 하는 고통을 평생 감수하려는 그 부부의 가슴엔 얼마나 깊은 사랑의 샘이 흐르는 것일까?

몇 년 전, 손녀의 유치원에서 담았던 속 좁은 내 모습이 떠올라 얼굴이 붉어진다. 일하는 딸을 대신하여, 나는 세 살 된 손녀를 유치원에 등하교를 시켜주었다. 아침에 아이를 데리고 유치원에 들어서면 다운증후군이 확실히 표나는 쥴리아라는 미국아이 옆자리가 비어 있곤 한다. 우리 아이가 들어가면 선생님들과 쥴리아를 돌보러 유치원에 같이 오는 보모까지 반가이 우리 아이를 쥴리아 옆자리로 안내를 한다. 오후에 하교시간에도 둘은 꼭 같이 나란히 앉아있다. 마음이 여리고 착한 심성을 가진 손녀는 저도 아직 어리면서 같은 나이인 발달이 느린 쥴리아를 잘 돌보아 준다고 한다. 우리 아이와 쥴리아가 너무 잘 지내기 때문에 그 아이를 돌보러 나오던 보모도 이젠 안 나온단다.

내게는 첫 손녀인 탓에 눈에 넣어도 안 아플 만큼 예쁘고 귀하다. 공주처럼 예쁜 옷 입히고 옷 색깔에 맞는 머리 리본까지 매치를 시켜서 서둘러 유치원에 데리고 가면 정상적 지능을 갖지 못한 아이와 하루 종일을 같이하는 것이 솔직히 속상했다. 초등학교에 들어가게 되면 다른 미국 아이들에 비해 영어가 뒤처질세라 비싼 수업료를 감수하며 미국 유치원에 보냈는데….

그러던 어느 날, 딸이 근심 어린 얼굴로 내게 말했다. "어제 소아과 정기 검진에 갔는데, 우리 아이의 심장에 작은 이상이 있대, 대부분 크면서 괜찮아지지만 수술을 해야 할 경우도 있을 수 있대." 난 가슴이 발밑으로 뚝 떨어져 내리는 것 같았다. 예전에 어른들이 "자식 가지고는 입찬소리 못하는 거여." 하던 말이 생각이 났다. 장애를 가진 어린 줄리아 앞에 금을 그으려 했던 이기적이고 편협한 마음을 가졌던 것이 가책으로 다가왔다. 손녀에게 '착한 사람 되어라. 친구들과 사이좋게 지내라' 말하며 내 마음 속에는 이율배반적인 생각을 담고 있었던 이중성이 부끄러웠다. 누구도 언제 장애자가 될지 모르는 일이다. 내일은 내 것이 아니지 않은가? 내일 일을 누가 장담할 수 있으랴.

아동문학가 마리아 슈라이버가 쓴 「티미는 왜 저래?(what's wrong with Timmy?)」에서 장애를 가진 티미를 보고 여덟 살 난 딸 케이트가 자신의 엄마에게 묻는 말이 "티미는 왜 저래"였다. 그의 엄마는 딸 케이트에게 설명했다. 네가 산수(算數)를 할 때 조금 힘들어 하는 것처럼 티미도 무엇인가 배우는데 조금 더 시간이 걸리는 것뿐이라고 말하며 케이트가 티미에게 다가가 같이 놀도록 한다.

시각장애인 사업가, 탐 셜리반이 오프라 윈프리와의 인터뷰에서 절망과 자괴감에 빠졌던 자기의 인생을 바꾸어 놓은 말은 단 세 단어였다고 한다. 어렸을 때 혼자 놀고 있는 그에게 다가와 '같이 놀래?(Do you want to play with me?)' 하던 옆집 아이의 한마디였다. 그 말이야말로 자신도 다른 사람과 똑같은 인간임을 인정해 주고 살아갈 수 있는 용기를 주는 말이었다고 한다.

내가 어렸을 때, 지팡이에 의존해 길을 더듬어 가는 시각장애인에게 동네 아이들이 쫓아가며 괴롭게 하고 장난치던 것을 본 적이 있다. 도와주지는 못 할망정 왜 그렇게 하느냐고 안타까운 마음이 들었지만, 내 힘으로는 그 사나운 아이들을 어찌 할 수 없었던 기억이 난다. 육체적인 장애가 없는 아이들도 또래들 속에서 따돌림의 고통을 견디어 내기 힘들어 하는데, 장애를 가진 이들에겐, 세상 사람들이 던지는 차별의 화살이 가슴에 더 깊이 와 닿아 사회에 들어서기를 주저하게 될 것 같다. 사회적 약자에게 먼저 다가가 '같이 놀자'라고 손 내민다면, 세상은 이보다 훨씬 더 밝아지지 않을까?

지난 주, 한인 요양병원의 치매기가 있는 어느 할머니는 처음 보는 내게 "성님! 왜 인자 왔어!" 하며 붙잡은 내 손을 오래 놓지 않으셨다. 그의 눈엔 어쩌지 못하는 두꺼운 외로움이 서려 있었다. 미래를 아무도 장담할 수 없는 인간이기에 그 할머니의 모습이 남의 일로만 생각되어지지 않았다.

내 유년 시절의 불광천

내가 살던 동네엔 넓은 논밭 사이로 큰 개천이 흐르고 있다. 북한산의 어느 모퉁이 골짜기에서부터 흘러내린 물이 내(川)가 되어 연신내라는 동네이름을 만들고 큰 개천이 되어서 우리 동네 응암동을 가로지른다. 그 물은 지금의 월드컵 경기장이 있는 상암동까지 이어져 한강으로 빠져 나간다. 평상시엔 물이 그리 많지는 않으나, 큰 홍수가 나면 개천 둑까지 넘쳐나 지대가 낮은 논과 길이 구분할 수 없을 정도로 물바다가 되던 때도 있었다.

해 좋은 날엔 여인들이 빨래를 큰 함지에 이고 나와 철철 흘러가는 물에 빨래를 했다. 나는 빨래하는 엄마 옆에 앉아 놀다가 물가에 담가놓은 빨래가 떠내려가게 되면 얼른 물에 뛰어 들어가 건져오곤 했다. 어떤 이들은 냇가에 솥을 걸고 장작불로 흰 빨래를 삶기도 했다. 잿물에 삶은 뜨거운 빨래를 반쯤 물에 잠긴 편편한 돌 위에 올려놓고 빨래방망이로 탁탁 내려치면 겨우내 찌들었던 묵은 때가 올올이 풀어져 나왔다. 냇물에 휘휘 내저어 헹구면 땟국이 말끔히 씻겼다. 여기저기 뿌연 비눗물을 흘려 내놓지만 쉬지 않고 흐르는 물살에 섞이어 금방 맑은 물이 되어 흘러갔다.

엄마를 따라 나온 아이들이 하나 둘 불어나면 아이들은 떼 지어 물이 얕은 쪽에 있는 징검다리를 폴짝 폴짝 건넜다. 거기엔 앞산 공동묘지가 있는 고태골 골짜기에서부터 논도랑으로 흘러 개천으로 들어가는 실개천이 있었다. 그 물은 유리처럼 맑고 차가웠다. 물이 얕아 아이들은 물고기나 가재를 찾아 바닥을 헤집고 다녔다.

여름이 되면 대낮에도 아이들이나 남정네들은 웃통을 벗어던지고 물속에 뛰어들어 멱을 감았다. 그러나 여인들은 저녁을 먹은 후 조용한 눈짓으로 약속을 하고 몇몇이 모여 개울로 나간다. 어른들을 따라 나도 쫓아간 기억이 난다. 하루 종일 더위에 달궈져 끈끈하던 몸을 개울물 속에 담그면 얼마나 시원하던지…. 별빛을 받으며 집으로 돌아오는 길은 날아갈듯이 시원했다.

사춘기를 지나는 여학교 때에도 난 그 개천 둑길을 걷는 것을 좋아했다. 동네가 커져서 논이 조금씩 줄어들기는 했지만 그래도 그때까지만 해도 개천 둑길은 조용한 사색의 장소가 되곤 했다. 거기엔 시원하고 향긋한 바람이 있고, 졸졸졸 흐르는 맑은 물소리도 마음을 안정시켜주는 음악같이 들렸다. 나는 개천 둑가에 핀 들꽃을 보며 걷는 것을 좋아했다.

언제였는지 확실치는 않지만, 내가 여고 다닐 때쯤이었던 것 같다. 그날도 나는 개천에 나왔다가 무심히 냇물을 내려다보고 깜짝 놀랐다. 맑고 깨끗했던 개천물이 뭔지 모를 온통 더러운 부유물과 함께 섞여 흐르고 있었다.

역겨운 냄새와 함께 썩은 물처럼 온통 거무죽죽한 물이 무겁게 떠내려가고 있었다. 나중에 알아보니, 저 위 상류쪽에 도살장이 생겨 그 모든 더러움을 그 개천에 떠내려 보낸단다. 어찌 이럴 수가! 도저히 믿기지 않는 이 상황을 보며 난, 아득한 절망을 안아야했다.

그 시절 서울 변두리인 우리 동네엔 공원도 없었고, 어디 갈만한 데도 없었다. 이 개천은 아이들의 놀이터였고, 여인들의 빨래터였으며, 내 마음을 드러내 대화하던 곳이었다. 이제 더 이상 빨래를 할 수도, 고기를 잡을 수도, 멱을 감을 수도 없었다. 그 물은 손을 담글 수도 없을 만큼 더러워져 있었다.

내가 미국에 올 때까지도 그대로 더러운 물이 흘렀던 것으로 기억된다. 지금 생각해보니, 그때도 구청도 있었고 동회도 있었는데, 온 구민의 젖줄 같은 개천물이 그리도 오랫동안 더러운 채로 흘러야 했는지 모르겠다.

몇 년 전 고국을 방문하여 불광천변을 친구와 걸었다. 불광동에서 응암동까지는 복개공사를 하여 개천이 보이지 않지만, 응암역에서 상암동까지 긴 개천은 산뜻한 산책로가 만들어져 있었다. 내 어릴 때만은 못하지만, 물은 많이 맑아져 있었고 천변엔 갖가지 나무들이 꽃을 피우고 있었다. 산책로엔 아이들과 함께 나온 가족, 혼자 열심히 걷는 사람, 벤치에 앉아 한담하는 노인들 등 많은 사람들이 봄햇살을 즐기고 있었다. 살랑대는 봄바람이 벚꽃나무 가지에서 분홍 꽃잎을 흩뿌려 주고 있었다.

개천 양쪽으로 빽빽이 들어찬 건물들 사이로 길게 쭉 뻗은 불광천은 이제 온 구민들에게서 가장 사랑 받고 대우받는 장소가 된 것 같았다.

그렇지만 난, 황량한 들판 사이에 혼자 흐르던 내 유년의 그 맑던 물길이 아직도 그리움으로 남아있다. 바람결에 흩날리던 풀향기, 별빛 쏟아져내려 반짝이며 흐르던 여름밤의 물소리가 들릴 것 같다.

개천 풀섶에 널린 흰 빨래들이 내 유년의 기억 속에서 너풀너풀 날리고 있다.

떠오르는 섬

갯벌을 막은 긴 장둑 위에 앉아 바라보면 바다 저편에 멀리 장항 제련소 굴뚝에서 뿜어 나오는 연기가 하늘 높이 퍼져 나가는 것이 보였다. 그곳 가까이에 서울이 있는 걸까? 바다 건너 막연한 미지의 세상을 피어오르는 연기를 따라 그려보곤 했었다.

나는 10살 때까지 서해바다가 연하여 있는 군산 항구에서부터 남쪽으로 긴 둑을 걸어서 한 시간도 더 걸리는 해안가에 살았다. 넓은 갯벌을 둑으로 막아 육지 쪽으로는 넓은 평야에 파란 벼 모가 자라고, 바다 쪽으로는 아침저녁으로 밀물과 썰물이 교차하며 파도가 둑에 부딪히며 철썩였다. 사람들은 그 긴 둑을 장(長)둑이라 불렀다. 마을 가까이에 있는 해안에는 섬이 되었다가 육지가 되기도 하는 조그만 섬이 있었다.

그 섬에는 수풀에 가려 지붕만 간신히 보이는 초가집 몇 채가 있었다. 이른 아침 장둑에 서면 황해의 누런 바닷물이 뻘을 밀며 들어왔다. 밀물이 철썩이며 장둑에 부딪쳐 오면 그 섬은 어느새 물 위로 떠올라 있었다. 그때마다 어린 나의 마음엔 그 섬에 사는 사람들이 걱정이 되곤 했다. 저 섬에도 아이들이 살까? 물이 들어오면 학교엔 어떻게 갈까? 갑자기 아프면 어쩌려고 하나? 무엇보다 왜? 그곳에 사는 걸까? 도무지 이해할 수 없는 일이었다.

그러다 물이 빠지면 넓은 갯벌 위에 수많은 갯지렁이들과 갯 게들이 셀 수 없이 많이 뚫려 있는 게 구멍을 바쁘게 들락거리고, 장날 북적대는 장터처럼 각자의 삶을 나름대로 열심히 살기 위한 생명들로 시끌벅적하게 움직였다. 그리고 뻘밭 위엔 징검다리 긴 길이 드러나곤 했다.

나도 몇 번 그 섬에 가 본 적이 있다. 학교에서 원족(遠足 소풍)을 간 적도 있고, 동네 큰 아이들을 따라 가본 적도 있다. 멀리 바다 가까운 질척한 뻘밭에서 아사리라고 불리던 조개를 잡는 아주머니들이 보였다. 뻘 속에 깔려있는 하얗고 작은 조개는 국물이 하얗게 우러나와 아주 맛이 있었다. 아사리라는 이름은 아마도 일본말인 듯하다. 아이들은 갯바위에 붙어있는 굴을 따먹기도 하고, 발이 빠지지 않는 꾸덕꾸덕한 갯벌에서 게 구멍을 뒤집으며 놀기도 했다. 아이들에게 자신이 표적이 된 것을 눈치 챈 성난 붉은 왕발게는 입에 거품을 가득 물고 철없이 덤비는 아이들을 위협했다. 열 개 발 중에 오직 한쪽 집게발만 큰 그 게는 마치 붉은 가

위를 무기처럼 앞세우고 덤비는 중세의 전사처럼 위협적이었다. 한번 물면 자신의 발이 떨어져 나갈지언정 놓아주지 않았다.

해송(海松)으로 빽빽한 섬은 사철 파란나무로 울창했다. 섬 뒤쪽에는 넓지 않은 모래사장이 깊은 바다에 닿아있고, 서쪽으로 한 발 내려선 햇빛이 절벽을 빠알갛게 물들였다. 물 위에 나와 있는 바위웅덩이엔 맑디맑은 물이 고여 파르르 떨고 있었다.

저녁나절, 다시 물이 밀려들어오게 되면 조개를 줍던 아주머니들이 미끄러운 뻘을 타고 나오는 것이 보였다. 바닷물은 소리 없이 밀려들며, 갯벌을 조금씩 조금씩 바다로 만들면서 들어왔다. 바닷물이 나를 앞질러 덮칠지도 모른다는 두려움으로 나는 육지를 향해 내달렸다. 놀란 가슴에 다시는 섬에 가지 않으리라는 다짐을 하며 가슴을 쓸어 내렸었다.

갯가엔 키가 작은 붉은 갯풀들도 많았다. 그들도 하루 두 번씩 짠 바닷물에 잠기며 살아가고 있었다. 갯벌 물웅덩이엔 뻘을 뒤집어 쓴 새끼 망둥어가 팔딱이며 한가히 놀고 있었다.

아침 밀물이 밀려와 둑에 철썩이면, 멀리 섬 뒤쪽 깊은 바닷길로는 통통거리며 남쪽으로 가는 고깃배들이 보였다. 떠오르는 해를 받으며 나가는 배들은 하나같이 아침 바람처럼 신선한 희망을 한가득 싣고 가는 것처럼 힘차 보였다. 풍어를 꿈꾸는 간절함이 바람에 나부꼈다.

아주 어릴 적이라 다른 건 기억이 희미하지만 장둑에서 사, 오백 미터 정도 떨어져 있었던 것 같은 그 섬의 모습은 내 기억에 항상 남아 있다. 그리고 늘 그립다.

장둑에 앉으면, 육지 쪽의 들판보다 바다 물결 넘실대는 수평선 저쪽의 미지의 세상을 동경하곤 했다. 그래서 그 반대편의 태평양을 건너 이 미국땅에까지 와서 살게 된 걸까?

한국에 나가게 되면, 물에 뜨던 그 섬에 꼭 한번 가보리라 했지만 번번이 가지 못하고 돌아오게 되었다. 지금은 육지가 되었는지, 그냥 섬이 되곤 하는지 궁금하다.

3.

가을 수채화

가을 수채화

출 퇴근길 팰리새이드 파크웨이 도로변의 가을 숲 속은 노랑 바다였다. 그 속에 들어서면 내 몸에서도 노란 물이 줄줄 흘러내릴 것 같다. 매번 오는 계절인데도 자연의 변화는 나를 풀리지 않는 경이로움 앞에 서게 한다. 청명한 하늘 아래 아기 요 같은 작은 구름 한 점이 떠 있다. 모든 만물들은 남은 가을 햇살에 해야 할 갈무리를 서두르는 듯, 날마다 다른 풍경을 만들어 내고 있다. 나뭇잎엔 가을색이 더 짙어지고 열매는 달게 익는다.

얼마 전 햇빛 좋은 휴일, 우린 친구 부부와 뉴욕 주에 있는 모홍크국립공원 내의 어느 산자락에 올랐다. 거기에 보석같이 반짝이는 호수가 있었다. 시루떡을 켜켜로 비스듬히 올려놓은 듯한 흰 암석의 절벽들이 호수를 둘러싸고 있었다. 숲 사이로 난 높고 낮은 산책길을 따라 걷는 풍광은 어느 쪽에서 보아도 아름다운 한 폭의 수채화였다. 낮은 키에 가지가 공작새처럼 펼쳐진 소나무 한 그루가 절벽 끝에 매달려 있다. 그 곁에 작은 정자와 어우러진 모습이 흡사, 내 고국산천의 정취와 닮아있다. 절벽 아래로 바위 사이에 빨간 단풍나무가 호수 위에 신비로운 비경을 만들어내고 있다. 우린 등산로를 따라 숲길을 걸었다. 알 굵은 도토리가 지천으로 떨어져 있다.

언제였던가, 고국의 내가 사는 동네와 가까웠던 서오릉 숲 속에서 도토리를 줍던 생각이 난다. 그때, 나보다 먼저 왔다 간 사람들이 많아 내 몫은 몇 개 남아 있지 않아 아쉬웠던 일이 떠올라 도토리 몇 개를 주워 보았다. 하나를 깨물어 쪼개보니 노란 속살이 통통하다. 길 위에 떨어진 도토리를 무심히 밟고 가는 사람들 속에서 아까워하는 내 마음이 도토리와 함께 밟히고 있다.

가을 계곡을 흐르는 물빛은 예전 물빛이 아니다. 맑고 투명하며, 넘치지도, 서두르지도 않고 단정히 흐른다. 스치는 실바람에 나뭇잎이 우수수 떨어져 내린다. 몇 조각 낙엽들이 흐르는 물살을 붙잡고 뒤뚱이며 떠내려간다. 어디로 가는 걸까? 그 끝은 어디일까? 묻지도 않고 무심히 흘러간다. 태어남도, 늙음도, 죽음도, 그저 우주의 이치에 순응하고 있다. 더 오래 살려고, 더 많이 가지려고, 더 위에 서려고 다투는, 헛된 욕심으로 자연의 이치를 거스르려는 인간의 오만한 허욕들이 순결한 자연 앞에 부끄러워진다.

정상에서 바라본 산 아래 펼쳐진 넓은 숲은 그야말로 '만산홍엽(滿山紅葉)'이었다. 누가 이렇게 만들었나. 가슴속에 흥분을 감출 수가 없다. 겨우 한 작품을 끝낸 수채화 초보자지만, 난 이 광경을 그림으로 옮기고 싶은 야무진 욕심으로 카메라의 셔터를 눌러댔다. 저 붉으나 아주 붉지 않은 물감을 어떻게 만들어야 하나. 노랗고, 황톳빛 오묘한 색깔들을 만들 자신은 없지만 이 불타는 가을을 붙잡아 두고 싶었다.

피크닉 장소에서 점심을 먹으며, 우린 여유로운 한담으로 모처럼 즐거운 시간을 보냈다. 산의 청정한 공기를 몸 속 가득 채웠더니 기구처럼 둥둥 떠오르는 기분이다. 내려오는 길에 만난 드넓은 호박 밭엔 수없이 많은 크고 작은 호박들이 흩어져 있다. 가을은 어디에나 넉넉함을 남기고 있다. 주황빛 탐스런 호박들마다 허옇게 마른 줄기를 달고 있다. 마른 삭정이가 된 그 줄기는 마치, 열 달 동안 태중에 아기를 키운 어머니의 탯줄 같다.

가을은 아름다운 결실을 남기고 떠나기를 주저하지 않는다.

가을은 풍성한 결실 곁에, 두고 떠나야 하는 상실감의 이중성을 가지고 있다. 모든 열매가 기실, 타인의 몫이 아니던가? 반복되는 일상 속에 생각 없이 사는 나의 삶을 반추해 본다. 저 호박 줄기처럼 나는 타인을 위해 어떤 열매를 남길 수 있을 것인가? 아름다운 가을 풍경으로 들뜬 마음이 주춤 내려앉는다. 빛깔 좋은 호박

하나 따서 내 집 안으로 가을을 옮겨놓고 싶었으나 원두막에 주인이 보이지 않아 사진만 가지고 와야 했다.

빈들에 널려 있는 호박 밭은 너무도 평화로운 수채화 같은 그림을 만들어내고 있었다.

자전거 탄 소년

11살 소년 시릴은 아빠와 할머니와 함께 살다가 할머니가 돌아가시자 보육원에 맡겨진다. 한 달 후에 데리러 오겠다는 아빠는 연락도 안 되고 찾아오지도 않는다. 시릴은 아빠를 만나기 위해 보육원을 탈출해 자신이 살던 아파트를 찾아가지만 아빠가 이미 이사 가고 연락처도 남기지 않았다며 아파트직원은 문도 열어주지 않는다. 시릴은 아파트 건물 안에 있는 병원 벨을 눌러 다리를 다쳤다고 거짓말을 하고 아파트 건물 안으로 진입하는데 성공한다. 곧이어 관리인들이 쫓아 들어와 시릴을 끌어내려 하자 시릴은 그 안에 앉아있던 어느 여인을 끌어안고 놓지 않는다. 시릴은 인질처럼 끌어안았던 여인의 도움으로 자신이 살던 아파트 안에 들어가 보지만 텅 빈 집안 어디를 보아도 아빠의 모습은 찾을 수 없었고 그에게 남긴 어떤 연락처도 찾지 못했다. 물론 자신이 즐겨 타던 자전거도 찾을 수 없었다.

시릴은 뒤쫓아 온 보육원 직원에 의해 보육원으로 되돌아가게 되었고 상심한 시릴은 실의에 빠진다. 이때, 병원 로비에서 만났던 여인 사만다가 시릴의 자전거를 가지고 찾아온다. 사만다는 시릴이 전에 살던 동네에서 미장원을 하며 혼자 사는 젊고 아름다운 여인이다. 사만다는 어린 시릴이 가여워 크롬 포크가 달렸다는 검은 자전거를 찾으러 동네를 돌아다니다가 시릴의 자전거를 발견하여 값을 지불하고 시릴에게로 가져왔다. 너의 아빠에게 자전거를 산 아이로부터 자전거를 되샀다는 말에 "아니야, 그 아이가 훔쳐갔을 거야"라며 아빠가 자신의 자전거를 팔아버린 것을 인정하려 하지 않는다.

마음 착한 사만다는 주말 위탁모가 되어 달라는 시릴의 청을 허락한다. 주말마다 시릴과 사만다는 아빠의 행방을 찾으러 다녔다. 자전거를 팔기 위해 자전거가게 한쪽 벽에 붙여놓은 아빠의 연락처로 옛 집 주소가 적힌 쪽지를 발견하고 시릴은 너무나 고통스럽다. 설마, 아빠가 자신과의 관계를 아주 끊으려고 자신이 그리 아끼던 자전거를 돈을 받고 팔았다는 것을 인정할 수 없었다.

경찰에 의뢰해 아빠의 행방을 알아낸 사만다는 시릴과 함께 전에 살던 동네와 얼마 떨어지지 않은 곳에 있는 레스토랑에서 일하는 아빠를 만났다.

아빠를 만난다는 기대에 부푼 시릴과 달리, 레스토랑의 부엌에서 음식준비에 바쁜 아빠는 찾아온 아들 시릴과 사만다에게 자신의 위치를 들킨 것이 귀찮기만 하다. 일주일에 한 번 정도라도 시릴을 만나줄 수 없냐는 사만다의 말에, 시릴을 당신이 맡아 달라고 말한다. 그리고 매몰차게 "아빠 만날 생각 하지마."라며 아들에게 그 어떤 실낱같은 기대도 하지 말라는 뜻을 뱉는다. 그래도 시릴은 "전화는 할 거야?" 하고 마지막 끈이라 도 잡아보려고 애원을 한다. 아빠는 잘라 말한다.

"안 할 거야!"

정말 아빠가 자신을 버렸다는 것을 확인한 시릴은 사만다의 집으로 돌아가는 차 안에서 자신의 얼굴을 할퀴어대고 머리를 들이박으며 분노한다.

사만다의 바람과는 달리 시릴은 자꾸 엇나가며 동네 불량배와 어울린다. 동네 불량배는 시릴에게 강도짓을 하여 돈을 빼앗는 것을 가르쳤고 시릴은 그것을 겁도 없이 실행한다. 피해자는 합의금을 사만다가 20개월에 걸쳐 나눠내는 것으로 합의를 해주었다.

이 영화를 보며, 아빠를 향한 어린 시릴의 참을 수 없는 그리움, 아빠는 절대 자신을 버린 것이 아닐 것이라는 아빠에 대한 신뢰를 놓고 싶지 않은 아이, 아빠를 이해하고 배려하는 아이, 그러나 아빠가 자신을 버렸음을 확인하게 되는 아이의 절망과 고통이 가슴을 아리게 했다. 따뜻한 여인 사만다, 사랑만 있으면 그 누구의 어미도, 아비도 될 수 있음을 보게 된다.

세상에 살고 있는 모든 사람들은 부모가 있다.

사람들은 자녀로 태어났다가 부모가 된다. 부모란 무엇이고 자녀란 무엇인가? 피와 살을 나눈 자신의 분신은 천륜이라는 질긴 인연으로 살게 된다. 태초로부터 지금까지 지구 표면을 딛고 사는 모든 생명체는 혈연(血緣)의 관계 속에 살아간다. 종(縱)으로, 횡(橫)으로, 굵게 또는 가늘게. 그래서 지구는 튼튼하고 억센 관계의 동아줄로 묶여, 우주 공간을 거꾸로 돌아도 물 한 방울 쏟아져 내리지 않는 것이 아닐까? 하는 우화(愚話)같은 생각을 해본다. 천륜은 그 어떤 욕망으로도 지울 수 없는 것을…. 나의 외침은 소리가 되지 못하고 내 속에 갇히고 만다.

언덕 위의 아이

그 아인, 키가 크고 귀티 나는 하얀 얼굴에 언제나 검은 옷을 입고 다녔다. 바람 부는 언덕에 긴 망토를 펄럭이며 달리는 외로운 왕자 같아 보였다.

아이는 아버지에 이끌려 미국에 오게 되었다. 부모의 이혼으로 인한 상처와 한국에 있는 어머니에 대한 그리움으로 아이는 좀처럼 안정을 찾지 못했다. 마음 줄 곳 없는 이 낯선 땅에 적응하기도 힘들었다. 아버지는 곧 젊은 여자와 재혼하여 한 집에 살게 되었고, 이복동생인 아기도 태어났다. 사춘기의 틴에이저인 아이는 그 상황들을 보고 있는 것이 고통스러웠다. 어리고 힘없는 자신에게 화가 났다. 그 상황을 뛰어넘을 탈출구는 없었다.

그는 점점 자신만의 세계에 갇히게 되었다. 시공(時空)을 뛰어넘는 초월적인 힘과 능력을 가진 환상 속의 주인공이 되어 때로는 현실과 상상의 세계를 혼동하기도 했다. 어눌한 자신의 영어발음을 놀리는 아이들에게 엉뚱하고 위협적인 말로 두려움을 주어 문제아 취급을 받기도 했다. 어쩌면 그런 행동들은 어떤 방법으로든 뚫고 나가야 살 것 같은 몸부림이자, 어른들에 대한 반항의 표시였는지도 모른다.

그즈음, 사무라이 영화가 한창 인기를 누릴 무렵 그는 영화 속의 사무라이를 꿈꾼다. 그가 오더한 일본도(日本刀)가 그의 학교로 배달된 후 그는 학교에서 정학을 당했다.

얼마 후, 그는 다시 학교에 나왔으나 누구를 해한 일도 없는데, 대부분의 아이들은 그를 슬슬 피해 다녔다. 어떤 미국 아이들은 해리포터처럼 판타지의 상상 속에 사는 그를 재미있어 하며 따르는 아이도 있었다.

그의 성적은 자꾸 떨어져 고등학교를 졸업할 수 있을지 걱정이 될 수준이었다. 11학년으로 올라갈 즈음 그의 아버지는 그에게 과외지도를 받게 했다. 그때, 그의 과외 지도를 맡게 된 여대생이 내 딸이었다. 몇 번 공부를 지도하던 딸은 그만 두어야 할 것 같다고 내게 상의했다. 그 아이는 공부보다는 이해할 수 없는 섬뜩한 질문만을 계속한다는 것이다.

딸로부터, 아이에 대해 자세히 들은 나는 그 아이가 너무 안쓰럽고 가엾은 생각이 들었다. 나는 딸에게, 그의 환경이 아이를 그렇게 만든 것 같으니 그 아이를 위해 같이 기도하면서 좋은 길로 인도해보자고 타일렀다. 말은 그렇게 했지만 내 마음도 불안했다.

얼마 지나지 않아, 아이는 조금씩 변해 갔다. 집에도, 학교에도, 낯선 이 땅에서 자신을 상대해 쓰다듬어 줄 사람이 아무도 없던 자신에게 과외 선생님의 따뜻하고 순수한 관심과 충고는 메말랐던 아이의 마음을 적셔주는 물이 되었다.

그렇게 일 년 여 공부한 끝에 아이는 성적이 많이 좋아졌다. 그리고 엉뚱한 환상의 세계에서도 빠져 나오게 되었다. 마음이 여린, 누나 같은 과외선생님을 잘 따르고 의지했다. 그 아이는 본래 착하고 똑똑한 아이였다. 그가 원하던 공대의 합격통지서가 왔을 때, 그는 제일 먼저 과외선생님께 연락했다. 그의 아버지는 물론, 나와 딸도 너무나 기뻤다. 사실, 그의 아버지는 비뚤어지려는 아들을 걱정하며 많은 관심을 기울였다. 커가면서, 아이는 조금씩 아버지를 이해하고자 하는 마음을 가지게 되었다.

그는 멀리 가서 대학생활을 하는 중에도 가끔 전화를 했다. 과외선생님이 결혼할 때에도, 첫 아기를 낳았을 때에도, 그는 기뻐하며 축하해 주었다. 사춘기의 방황을 이기고 일어선 그 아이가 고맙고 대견하기만 하다.

이제 청년이 다 된 그는, 대학을 졸업하고 군대에 갔는데 좋은 성적으로 비행기 조종사 학교에 합격했단다. 옛 과외선생님께 흥분된 목소리로 소식을 전하는 그의 전화 목소리는 밝고 힘차게 들렸다. 이제 그는 어릴 때부터 꿈 꿔온 비행기 조종사가 되는 것이다.

그는 장차 하늘을 날며 아름다운 지구를 내려다 볼 것이다.

세상은 어둠 속에서도 사랑으로 빛나는 살만한 곳임을 알게 되리라.

세모 풍경

우리 동네 오거리 쌀가게 집 앞마당은 넓어서 아이들 놀이터였다. 거기에는 광고 전단지들이 덕지덕지 붙어있는 전신주 옆에 그보다 더 키 큰 느티나무가 아이들의 친구가 되어 서 있었다. 동네 아이들은 심심하면 으레 오거리 놀이터로 나갔다.

그 집엔 손주들이 셋이나 있어 아무 때라도 그 집 앞으로 나가면 아이들이 모여 있었다. 그러나 설을 앞둔 섣달 그믐날은 아이들이 별로 나오지 않아 편을 먹고 놀 수가 없었다. 나온 아이들도 저희 집을 들락거리며 지짐이 조각이나 금방 뽑아온 듯한 김이 모락모락 나는 흰 가래떡을 들고 나와 자랑하듯 먹었다. 나는 침을 흘리며 쳐다보고 서 있는 남동생을 돌려세워 집으로 향했다.

떡쌀을 인 여인들이 분주히 떡 방앗간으로 오가고, 덩달아 들뜬 누렁이도 흘끔 흘끔 눈치를 살피며 주인의 치마꼬리를 놓치지 않고 따른다.

어머니는 아직도 화롯불에 꽂아놓은 인두를 꺼내 색 고운 붉은 유똥 저고리의 앞섶을 지져 둥글게 모양을 내고 있었다.

“엄마, 상구네 엄마는 떡 빼러 방앗간에 가던데?”

“엄마, 우리는 지짐이 안 부쳐?”

철없는 동생이 본 대로 주워 섬긴다.

“야야, 시끄럽다.” 자신의 마음도 급하다는 듯 어머니는 짜증스럽게 쏘아붙인다.

어머니는 오늘까지 찾아갈 삯바느질을 마쳐야 했고 우리 삼 남매는 어머니의 일이 끝나기만을 기다렸다. 우리 집은 저녁나절이 다 돼 가는데도 조용했다.

해가 다 기울 무렵, 기다리고 섰던 옷 주인이 옷을 찾아간 후에야 어머니는 방 안에 헝클어진 것들을 정리하며 당신의 옷에 묻은 실밥을 털어내고, 머리에 걸쳐놨던 실오라기들을 거둬냈다.

우리 집에서 시장은 가까웠다. 어머니는 몇 가게를 돌면서 외상값도 갚고, 반찬거리와 작은 상자에 든 과일도 몇 상자 사셨다. 과일을 낱개로도 몇 개를 샀다. 집에 돌아오자마자 어머니는 우리들을 시켜 가까이 사시는 친척 어른 집과 신세진 분들께 과일상자를 갖다 드리게 했다. 나는 우리들 몫으로 과일 몇 개만을 남긴 엄마가 못마땅했다.

갈은 돼지고기에 김치, 두부, 당면 등을 넣고 만두를 만드느라

방안엔 온통 밀가루투성이가 되었다.

이제야 생기가 도는 우리들….

어머니가 밀대로 넓게 펴 밀어놓은 밀가루 반죽 판에 오빠는 노란 양은주전자 뚜껑으로 만두피를 찍어댔다. 동생은 조금 떼어준 반죽이 새까매지도록 주무르며 놀고, 나는 만두피에 속을 넣어 초승달 모양도 만들고, 나뭇잎 모양도 만들고, 양 끝을 오므려서 동그란 조개 모양도 만들었다.

허기진 자식들을 위해 어머니는 맹물에 우선 빚어진 만두를 끓여 들여오셨다. 늦은 저녁이지만 그제서야 우리에게도 설이 오고 있었다. 초승달, 나뭇잎, 조개모양의 만두들이 통통하게 커져서 내 국그릇에 둥둥 떠올랐다.

모두들 일어서 있는 것 같은 섣달의 어수선함 속에 또 한 해가 저문다. 일도, 세상에 진 빚과 감사의 인사도, 새해를 맞기 전에 정리하시던 어머니.

사람들은 한 해 동안 이루고자 하는 바람과 나름대로의 계획을 들고 새해를 시작한다. 그러나 지나온 일 년의 시간을 보낸 자국 속에 미처 마치지 못한 숙제를 끝내려는 듯 지금도 세모의 풍경은 모두 바쁘고 소란하다.

어린 그 시절, 정월 초하루의 태양빛은 다르게 보였다. 세수 깨끗이 하고 설 빔 갈아입은 아이들의 얼굴처럼 아침 해는 더 높이 떠서 환하게 웃으며 아이들을 비추던 것을 기억한다.

세배를 마친 나와 동생은 먹을 것을 주머니 가득 넣고 동네 놀이터로 나갔다. 이미 아이들이 많이 나와 있었다. 새 옷을 차려입은 탓에 아이들은 마음대로 험한 놀이는 하지 못하고 서서 세뱃돈 받은 것 자랑하며, 멀리 나갔다 돌아온 군인삼촌이나 친척들 얘기로 어느 때보다 여유롭고 즐거운 표정들이었다.

오늘이 설날인 줄 알기라도 한 것인지 전깃줄에 앉은 새들도 덩달아 짹짹 시끄럽다. 모두 따스하고 여유로운 아침을 즐기고 있었다.

모국어

인간이 존재하기 시작할 때부터 언어는 필연적으로 필요했으리라. 자신의 의사를, 또 요구를 상대방에게 표현해야 하기 때문이다. 말을 하지 못하는 동물들도 표정이나 냄새, 몸동작으로라도 자신의 생각을 표현하니 그것이 언어라 해도 무방할 것이다. 지금이야 교통의 발달과 정보통신의 발달로 온 세상이 한 나라처럼 가까워졌지만, 옛날에는 태어난 곳에서 평생을 살다가 죽는 것이 대다수였기에 지역마다 모여 사는 부족마다 언어가 다를 수밖에 없었으리라.

통계상으로 이 지구상에서 사용되는 언어는 약 5천 개 이상이나 된다고 한다. 나는 세계인종이 모여 사는 이 미국의 대 도시에 살면서 알 수 없는 수많은 언어를 듣게 된다. 그중에서 내가 어느 나라 말인지 조금이라도 구분할 수 있는 언어는 몇이나 될까 생각해 보았다. 가만히 살펴보면 각 언어마다 조금씩 다른 발성법으로 특징이 있음을 발견하게 된다.

세상에서 가장 아름답게 들린다는 프랑스어는 목에서 나오는 소리에 혀를 입천장에 닿을 듯 말 듯하며 떠는 것처럼 들린다. '브르-몽' 같은….

할 말만 하듯이 좀 억세고 빳빳하게 들리는 독일어, 완전 복종하는 하인처럼 일본여인의 사뿐 사뿐 날아가는 듯한 일본어, 높고 낮은 곡조를 붙인 것 같이 들리는 중국이나 베트남 쪽의 동남아어, 끊이지 않고 소란스럽게 들리는 남미의 스페니쉬어, 여인의 말소리도 투박하게 들리는 러시아어, 아프리카 사람들의 특징은 잘 모르겠다 그냥 크게 소란스럽다는 것 밖에.

내가 살고 있는 미국의 영어는 부드러우나 좀 허풍스럽게 들린다.

누구나 자기 나라 말이 가장 편하고 듣기 좋은 것처럼 나도 내 나라 말이 가장 아름답게 느껴진다. 우리 가게 손님 중에 키가 크고 늘 허허거리며 잘 웃는 젊은이가 있다. 우리 가게에 오기만 하면 두 손을 가슴에 모으고 얼굴은 천장을 향하여 '어시어'를 외치고는 공손히 고개 숙여 절을 한다. 그 모습이 새벽에 '꼬끼오' 하며 홰를 치는 장닭의 모습 같다. 처음엔 애가 뭔 짓을 하나 하고 아마, 자기나라 인사법인가 보다고 생각하며 같이 웃었다. 하루는 네가 외치는 '어시어'라는 말의 뜻이 무엇이냐고 물어 보았다. 그 청년은 자기도 잘 모른단다. 그냥 인사인 것 같다고 대답한다. 어느 나라 인사냐고 물었더니, 나를 가리키며 너희 나라 인사 아니냐고 되묻는다.

추측컨대, 한국사람이 하는 태권도장이나 가게, 혹은 한국 친구에게서 배운 것 같다. 내가 한국사람 같아 보였는지 그는 우리가게에 오기만하면 친절하게 내게 한국식으로 인사를 했는데 거꾸로 한 셈이 된다.

내가 손님에게 '어서 오시오'라고 해야 하는데 그는 손님이든 주인이든 다 쓰는 인사인 줄 알았나 보다. 그에게 그 말을 가르쳐준 분이 반말이 아닌 존댓말로 인사를 가르쳐준 것은 얼마나 다행인가. 어찌됐든 그가 올 때마다 '오시오' 하는 인사를 들으니 기분이 좋으면서 한국말이 얼마나 기품 있고 아름다운가를 느끼게 된다.

이곳의 한인 부모들은 주말이 되면 자녀들을 한글학교로 데려가 우리의 모국어를 배우게 한다.

"친구들에게는 '안녕', 어른들에게는 '안녕하세요' 하면서 고개 숙여 인사하세요." 아이들이 선생님을 따라 허리를 굽히고 고개를 숙여 인사하는 법을 배운다. 우리말은 윗사람을 높이고 자신을 낮추어 부르는 겸양의 미덕과 예절이 들어있다. 또한, 모국어 속에는 우리가 살아온 지난날의 자취와 그리움이 묻어있다. 고국을 떠나 살다보니 우리의 고운 옛 언어들을 점점 잊어버리는 것 같다.

소달구지 바퀴자국 난 들길에 지천으로 자라는 질경이, 쇠비름, 쑥대와 강아지풀. 봉숭아 물들일 때 손톱을 싸매는데 쓰던 넓은 아주까리잎, 닭 벼슬같이 생긴 붉은 맨드라미꽃, 모두 오랜만에 불러보는 이름들이다. 검정고무신 신고 흙 마당에서 뛰어 놀던 동무들의 정겨운 이름들도 하나하나 떠오른다. 언년이, 봉순이, 점례, 그리고 어머니, 누이, 오래비….

「혼불」의 저자, 최정희는 미국 스토니부룩 뉴욕 주립대학교 한국학과 초청 강연회에서 "언어는 정신의 지문(指紋)이며 모국어는 모국 혼(魂)"이라고 했다.

그가 본 미국의 한 도시, 한국인 교회 칠판에 적혀있던 '유관순' '우리나라 만세' '삼일절' 그 삐뚤삐뚤한 글씨가 쓰여 있던 그곳이 내 조국의 국경선인 것을 사무치게 느꼈노라고 했다.

세계 어디든 우리의 언어가 있는 곳이 조국이며, 한국인일 수 있는 것이다.

동화(冬話)

가는 비처럼 내리던 눈발이 점점 가벼워지며 굵어진다. 찢겨진 솜털 같은 눈송이가 이리 저리 떠돌며 흩어져 내리고 있다.

나이가 들어도 눈이 오면 내 마음은 덩달아 눈송이와 함께 둥둥 떠오른다. 혼자 보기 아까워 누군가와 이 정경을 얘기로라도 나눌 사람을 꼽아보게 된다.

"밖에 눈 오는 것 보이지요?"

나의 달뜬 목소리에 상대방의 목소리는 무겁게 가라앉아 돌아왔다.

"올 겨울에는 날씨 때문에 비즈니스가 너무 힘드네요."

아차, 싶어 얼른 달떴던 내 목소리를 감추고 그분의 어려움에 공감하며 위로했다. 하필, 눈이 와서 비즈니스에 어려움이 있는 이에게 전화를 하다니…. 내 기분만 생각했던 나의 실수가 부끄럽고 미안했다. 내가 웃을 때 누군가는 울게 되는 수가 있다는 생각을 깜박 놓쳤음을 후회했다. 사랑은 내가 상대방이 되어보는 배려의 마음에서부터 시작되는 것을 새삼 되새겨본다.

눈은 거실 창문을 가득 채우며 회색 파스텔톤의 캔버스 위에 한 폭의 그림을 그려내고 있다. 눈발이 다소곳이 숨죽인 암갈색의 숲을 배경으로 때로는 조용히, 때로는 휘둘러대는 바람과 함께 난다.

내 마음은 이미, 눈이 만들어 내는 설경 속으로 한 발을 디밀고 영화처럼 내 기억의 영상에 남겨진 어린 시절의 그리움을 꺼내어 본다.

내가 살던 서울 변두리엔 논이 많았다. 겨울엔 논이 빙판이 되어 아이들의 눈썰매장이 되었다. 스케이트를 타는 아이들도 더러 있었지만, 대부분 나무판자 밑에 양쪽으로 쇠 칼날을 박고 양손엔 둥글게 깎은 나무막대에 쇠꼬챙이를 박아 빙판을 찍어내며 앞으로 나갈 수 있게 만든 썰매가 주류를 이루었다. 오빠가 타고 있는 썰매를 언제나 얻어 탈 수 있을까 시려오는 발끝의 고통을 참으며 논둑에 서서 덜덜 떨던 모습이 내 기억 속에 남겨 있다.

신나게 얼음을 지치던 오빠가 내 앞에 썰매를 세우고 뒤에 타라고 소리쳤다. 내 발을 얹을 공간을 위해 자신의 발을 나무판자 끝으로 최대한 밀어놓았다. 나는 얼른 뛰어가 오빠의 등을 바짝 붙잡고 앉았지만 작은 나무썰매는 내 무게를 덧댄 탓인지 앞으로 잘 나가지를 못하고 무겁게 낑낑거렸다. 그래도 나는 썰매에 올라앉았다는 기쁨으로 발이 시리던 것도 확 달아나 버리고 아이들과 뒤

섞여 나도 썰매를 탄다는 즐거움으로 그저 신나기만 했다.

논둑에는 나처럼 태워줄 때를 기다리는 아이들이 여럿 있었다. 그러나 얻어 탈 기회는 자주 오지 않았다.

사촌오빠에게는 검은색 롱스케이트가 있었다. 그는 폼을 재며 빙판을 날쌔게 돌다가 논둑에 깔아놓은 가마니 위에 털썩 주저앉는다. 그러지 않아도 번쩍이는 스케이트 날을 더 예리하게 갈아대는 사촌오빠가 여유롭고 멋져보였다. 나는 그 스케이트를 한번 타보고 싶었지만 말을 하지 못했다. 빙판이 깨지는 파장 무렵, 사촌오빠는 내게 스케이트를 벗어주며 타보라고 했다. 나는 내 발보다 훨씬 크고 긴 스케이트의 줄을 조이고 조여서 일어났다. 몇 발자국 못 가서 넘어지고 넘어지기를 반복했지만 나는 스케이트를 벗고 싶지 않았다. 오빠처럼 빙판을 휙휙 돌아치게 될 만큼 연습을 하고 싶은 때문이었다. 물론 발목의 살갗이 까져 나가는 것 같이 아프고 뼈가 비뚤어지는 것 같은 통증이 왔다. 나는 얼마 못 가 스케이트를 벗어야했다.

그 이후, 나는 여태까지 스케이트를 배우지 못했다. 내가 살면서 꼭 해보고 싶은 일들을 목록으로 적어 본다면, 수십 가지가 족히 될 것이다. 그중에 스케이트 배우기, 자전거 배우기, 수영 잘하기 등 몇 가지 운동종목도 끼이게 될 것은 분명하다. 장래 희망이 선생님에서 작가로, 얼마 전까지만 해도 요리사 등으로 자주 바뀌는 손녀딸의 꿈이 이번에는 동계올림픽에서의 김연아 같은 스케이트 선수가 되는 것으로 바뀌었다. 손녀딸의 희망처럼 나도 죽기 전에 스케이트를 잘 탈 수 있을까? 그냥 돈 안 드는 망상일 뿐이다. 겨울에 언 길을 조심해서 살살 걷지 않으면 자칫 넘어져 뼈가 부러질 수 있다는 지인의 공포스런 조언에 나도 공감하지 않을 수 없으니 말이다.

매서운 추위 속에서도 한낮의 먼 햇발이 아이들이 분탕질 친 빙판을 녹이며 얇게 얼었던 논 모서리쯤에서부터 쩍쩍 갈라지는 소리가 들렸다. 그때서야 아이들은 다리가 풀리면서 젖은 옷이 무겁게 느껴진다. 얼굴이 홍당무처럼 빨갛게 언 아이들은 나무썰매를 메고 하나, 둘, 집으로 돌아가기 시작한다. 나는 몇 번 타보지 못하고 집으로 돌아가는 것이 아쉽지만 어쩔 수 없이 오빠들을 따라 돌아오던 기억이 난다.

곡선의 향수

시부모와 함께 사는 딸네 뒤뜰에는 장독대가 있다. 마치 고국의 시골집 여느 뒤안 같다.

초봄에 담갔다는 간장과 고추장이 한낮의 맑은 햇살에 익고 있다. 크고 작은 항아리들이 정갈하게 닦여 반짝인다. 아무 장식도 없는 암갈색의 토기이지만, 그 어떤 그릇보다 정겹고 친근해 보인다. 그 속에 옛 사람들의 순수와 너그러움이 들어있고 고향의 정취가 들어 있는 것 같다.

그러고 보면, 한국 사람들의 정서는 소박하고 푸근한 곡선의 정서를 가지고 있다는 생각을 해본다. 하늘에 뜬 밝고 둥근달이 숨죽이고 엎드린 초가지붕을 비추어 지붕 위에 올라가 앉은 하얀 박을 부끄럽게 하던 먼 옛날의 정경이 떠오른다. 멀리서 보면 수풀 속에 둥그런 바가지를 엎어 놓은 것 같이 지붕만 보이던 초가집,

이제는 찾아보기 쉽지 않은 가옥형태가 되었다.

방바닥과 방벽에 황토를 바르고, 지붕의 썩은 볏집에서는 가끔 노래기도 나오고 지네도 기어 나오지만, 그때의 초가집이 지금 사람들이 열광하는 황토방이 아닌가. 황토에는 중초(中焦: 신체의 중앙 부분으로 비장과 위가 있는 위치)를 조화시켜 소화작용을 돕고, 몸속의 독성을 해독하는 효능이 있는 것으로 알려졌다. 별 의료시설이 없던 농촌에서 일에 지쳐 몸이 피곤하고 무거우면 아궁이에 군불을 많이 땐다. 뜨끈뜨끈한 흙방에서 지지고 일어나면 여기 저기 찌뿌드드하던 몸이 개운하게 자연치유 되었던 것이다.

여인들은 우물에서 물을 길어 아가리가 넓적한 물동이에 이고 다녔다. 왕골로 둥글납작하게 만든 똬리를 머리에 올려놓고 그 위에 동이의 목에까지 채운 물이 쏟아지지 않도록 걷는 여인들은 곡예사 같았다. 돌부리에 걸릴세라 똑바로 앞만 보고 걸어도 발을 뗄 때마다 찰랑찰랑 흔들리며 얼굴을 타고 조금씩 흘러내리는 물을 손으로 훑어내며 물을 이어 날랐다.

부엌 구석에 놓인 큰 물항아리 속에는 박의 속을 파내고 말린 물바가지가 둥둥 떠 있어 목이 마르면 아무 때나 물을 떠먹었다. 살강에 엎어놓은 둥근 백자 사발과 대접들이 낮에도 어둑한 부엌의 실루엣을 가늠하게 해주고, 호롱불 밝힌 부엌의 저녁 상 차림엔 뚝배기에 끓는 담북장과, 말린 서대구이와 뜨거운 김 올라오는 쌀 섞인 보리밥이 사발에 고봉으로 담긴다.

한겨울 눈이 두껍게 내려앉으면 마치 솜이불을 겹쳐 덮은 듯 초가지붕은 더욱 포근해진다. 그때는 보일러 대신 따뜻한 화로가 있었다. 배가 통통하고 아가리가 넓은 놋화로엔 겨울을 데우는 불이 탄다. 화로는 상투 올린 할아버지가 긴 담뱃대에 불을 붙이기도 하고, 재를 떨어내는 재떨이로도 사용되었고, 어머니가 옷을 지을 때 인두를 꽂아 놓기도 했다. 아침에 일어나 보면 꺼진 듯이 허연 재가 날려도 화로엔 여전히 불씨가 감추어져 있고 간밤에 몰래 숨겨둔 알밤이 시커먼 숯이 되곤 하기도 한다.

어쩌다 외출하시는 어머니는 한복을 입고 맨 나중에 버선을 신으셨는데 버선을 신을 때마다 힘들게 버선목을 잡아당겨 발을 밀어 넣던 모습이 생각난다. 남자들의 버선은 발뒤꿈치의 들어간 곳에서부터 수평으로 앞 목에 이르는 부분인 회목이 넓으나, 여인들의 것은 버선 윗부리에서 코에 이르는 수눅 부분이 발등에 착 달라붙게끔 좁게 만들어졌다. 버선을 받쳐 신은 흰 국화꽃 이파리 같은 고무신의 매력은 걸을 때마다 보일 듯 말듯 치마끝에 감추어진 수줍음이다. 나도 커서, 버선에 코고무신을 신고 걸어 보니 걸음이 땅에 닿는 것이 아니라 발이 둥둥 떠가는 것 같은 느낌이었다. 고무신과 버선의 콧부리에 휘어져 모아진 곡선이 날아갈 듯이 가볍고 멋스럽다. 여인의 저고리 소맷동의 곡선은 반달을 닮았다. 넓은 소맷동엔 몸가짐을 함부로 할 수 없는 여인의 정숙함이 담기고, 때로는 애달픈 슬픔을 닦을 손수건이 담기기도 하며, 할머니가 손주에게 줄 과자나 사탕 부스러기가 담기기도 한다.

장독대 오지항아리에는 가족을 먹일 생명이 익어가고, 곡선에 익숙한 한국인의 따뜻한 인정도 같이 익어간다.

딸의 시어머니인 사돈이 항아리에서 고추장과 된장을 퍼서 주었다. 나는 한국마켓에서 오지항아리를 샀다. 고추장, 된장 담을 작은 것 두 벌과 쌀을 담아먹을 요량으로 중간 사이즈로 한 벌을 샀다. 조르르 세 개를 놓으니 우리 집에도 작은 장독대가 만들어졌다.

나이가 들면 태어난 곳에 대한 회귀본능 때문인가? 고국에 대한 향수가 깊어질 때쯤이면 어릴 적 눈에 익은, 우물에서 길어 올린 맑고 차가운 물을 둥근 물동이에 쏟아 붓는 그 시원한 물소리도 생각난다. 우리 집 장독대엔 그리운 옛것에의 갈증이 들어있다.

사랑을 가지고

아름다운 카리브해의 섬나라 아이티의 수도에서 강진으로 수십만 명이 목숨을 잃었다. 믿기지 않을 만큼 수많은 시신들이 그냥 땅바닥에 널부러져 있는 것을 미디어를 통해 보게 된다. 시체더미 속에서 자신의 혈육을 찾아 헤매는 사람들을 본다. 영혼이 떠나간 육신이, 치워지기를 기다리는 쓰레기더미처럼 쌓여있다. 삶과 죽음이 이렇게 가까이 있다니….

무너진 건물더미 속에서 횟가루를 뒤집어 쓴 채로 사지에서 구출돼 나오는 사람, 살아있을지도 모를 매몰된 자식을 구하려 부서져 켜켜이 쌓인 시멘트 콘크리트를 손으로 후벼파며 그 자리를 떠나지 못하는 아버지, 계속되는 여진으로 그치지 않는 공포가 사람들을 극한의 두려움에 떨게 하고 있다. 어떻게 이런 일이 일어날 수 있을지 상상이 안 되는 너무나 엄청난 상황에 놀랍고 두려울

뿐이다.

그러나 그 상황 속에서도 각 나라에서 파견된 구조 요원들이 혹시 살아있을지도 모르는 생존자를 찾아 부서져내린 건물 잔해를 헤집고 다닌다. 국경없는 의사회에 소속돼 부상자를 치료하던 한 백발의 의사가 인터뷰하는 기자에게 말하는 것을 보았다. 세계 여러 재난지역에, 또는 전쟁터에 다니며 의료 봉사를 다녔지만 이런 상황은 처음 본다며 그곳의 참혹한 상황을 전하고 있다. 또한 물과 구호품을 실은 트럭들이 꼬리를 물고 아이티로 향하고 있다. 온 세계의 사람들이 그들을 도우러 그곳으로 달려간다. 오직 사랑을 가지고.

우리는 내 힘으로, 내 능력으로 이 세상을 사는 것으로 생각하지만 사실은 알게 모르게 누군가의 사랑으로 살아가고 우리 또한 누군가를 도우며 살아간다. 그것은 신이 인간을 만들 때 자신에게 있는 사랑이라는 성품을 조금 떼어 내어 사람에게 넣어 주었기 때문이 아닐까 하는 생각을 해보았다. 개인과 단체, 거리에서, 직장에서, 아이티 구호성금모금에 동참하고 있다. 각자 성의껏 마음을 모아 우리의 사랑을 그곳에 보내고 있다.

우리 가게 손님 중에 빅토리아라는 젊은 처녀가 있다. 늘 밝고 예의바른 아가씨라고 생각하고 있었는데, 오늘 우리 가게에 온 그의 표정이 우울했다. 난 미처 묻지도 못했는데, 자기 가족이 아이티에 있다고 한다. 지진이 난 지 사흘이 지났는데 아직까지 아버지와 조카의 생사를 알 수가 없다는 것이다. 아이티의 공항까지 파괴돼 비행기가 내릴 수도 없다며 가볼 수 없어 더 답답하다 한다. 그녀의 초롱한 예쁜 눈에 물기가 어렸다. 무어라 위로할 말을 찾지 못하는 내 가슴도 젖어 들었다.

60년 전 6·25전쟁으로 어려움에 처해있던 한국을, 작고 가난한 나라 아이티는 그 당시 적다할 수 없는 거금을 한국에 보내 주었다. 폐허 속에서 온 세계가 보내준 사랑으로 한국은 일어났고, 이제 도움이 필요한 곳을 찾아가는 나라가 되었다.

우리 모두가 고통당하는 아이티에 직접 찾아가 도와주지는 못하지만, 안타까운 마음으로 이들을 염려하고 사랑하는 세계의 모든 사람들의 마음이 그들에게 위로가 되고 다시 일어날 수 있는 힘이 되었으면 좋겠다.

모아진 사랑으로, 아이티는 더 이상 목마르지 않고, 더 이상 굶주리지 않는 나라로 든든히 세워지길 간절히 소망해 본다.

아날로그 이빨 뽑기

요즈음은 흔들리는 이를 대개 치과에 가서 뽑는다. 마취주사를 놓고 빼기 때문에 고통 없이 이를 빼는 것 같다.

어릴 때 이를 빼던 일은 내게는 가장 고통스런 시간이었다. 어머니는 이불 꿰매는 누런 무명실을 가지고 흔들리는 내 이빨에 걸고 그 실을 낚아채어 빼곤 했는데, 한 번에 성공하지 못하면 너무 아프고 무서워서 나는 실이 이에 묶인 채로 도망다니곤 했다. 흔들리는 이를 빼지 않으면 뻐드렁니가 나온다는 어머니의 고함소리가 내 뒤통수에 꽂히면 마치, 밧줄을 목에 건채로 도망 나온 죄수처럼 불안하기만 했다. 내 동무 봉순이 언니의 뻐드렁니를 생각하고는 내 발로 다시 들어가 어머니 앞에 앉을 수밖에 없었다.

주말이 되어 외손녀가 우리 집에 왔다. 그 아이는 나와 자는 것을 좋아한다. 과일을 먹던 아이가 이가 흔들린다며 내게로 와서 흔들리는 이를 보여준다. 며칠 전부터 흔들렸다는 그 이는 혀로 밀면 앞으로 밀려나는 것이 거의 빠질 때가 되어 보였다. 병원에 가지 않고 그냥 내가 빼도 될 것 같은 생각이 들었다. 난 소설 「톰 소여의 모험」(마크 트웨인)에서 톰의 이모가 톰의 이빨을 빼던 이야기가 생각났다. 나는 200년 전 미국 아이들이 이를 빼던 방법을 아이에게 재미있게 설명했다. 뭐가 뭔지 모르는 아이가 내 설명에 흥미로워 했다. 벌써 2~3개의 유치를 병원에서 아프지 않게 뺀 경험이 있는 아이는 좀 불안한 듯하면서도 내게 선뜻 시술을 허락했다.

집에 있는 굵은 실로 한끝을 침대 기둥에 묶고 다른 끝을 아이의 흔들리는 이빨에 묶어야 하는데 내 어릴 때 이를 빼던 기억이 떠올라 아이의 작은 이를 묶는 내 손이 오히려 떨렸다. 그 소설에서는 벌겋게 단 숯불다리미를 톰의 턱밑에 들이대자 톰이 피하려고 뒤로 물러나면서 이빨이 실에 매달린 채 뽑혔다고 했다. 난 숯불 다리미 대신 작은 초에 불을 켜서 들어왔더니 아이가 그걸 보고도 기겁을 한다. 할 수 없이 어머니가 내 이를 뽑으실 때 하던 방법으로 할 수밖에 없었다. 난 내 어머니처럼 앞으로 낚아채지 않고 한 손에 이빨을 묶은 실을 잡고, 다른 손으로 아이의 이마를 뒤로 살짝 밀었다. 워낙 뿌리만 약간 묻혀 있었는지 아이가 아플 사이도 없이 단 번에 이빨이 빠져 나왔다. 공연히 건드려서 아이에게 고통을 주게 될까 걱정했었는데, 쉽게 빠져서 다행이었다.

집에 있던 예쁜 주머니에 뺀 이빨을 넣어 주었다. 아이는 신기한 듯 몇 번이나 꺼내 보며 제 엄마에게 전화를 하고 야단이다. 아이는 이빨요정으로부터 받게 될 선물 생각에 한참 들떠 있었다.

여기 미국 아이들은 빠진 이빨을 자신의 베개 밑에다 넣고 자면 이빨요정이 와서 그 이빨을 가져가고 대신 선물을 놓고 간다고 믿고 있다. 크리스마스에 산타 할아버지가 착한 아이에게 선물을 갖다 준다는 얘기처럼, 아이들을 기쁘게 하기 위해 어른들이 만든 거짓말이지만 아이들에게 이빨을 빼는 두려움과 고통을 조금은 희석시킬 수 있는 좋은 위로의 보상인 것 같다.

우린 침대에 나란히 누워서 튼튼하고 예쁜 이를 달라고 기도했다. 아침에 눈을 뜨면 놓여 있을 선물 생각을 하는지 아이는 아직도 잠들지 못하고 있다. 나도 내 어릴 적 이빨 빼던 생각이 그리움처럼 피어올라 얼른 잠이 오지 않았다.

"두껍아! 두껍아! 헌 이 줄 게 새 이 다오!"

뺀 이를 우리 집 지붕 위에 던지며, 퍼렇게 비치던 달빛 속으로 슬픔 같은, 왠지 서운한 마음을 함께 던지던 그때가 아주 먼 동화 속 얘기처럼 아련하다. 두꺼비의 대답도, 요정의 선물도 없었지만, 그때의 고통을 보상 받기라도 한 듯 지금까지 한 개도 썩은 이 없이 내 이는 아주 튼튼하다. 달빛 아래 빌던 기도 때문이었을까.

디지털시대에 살며 아날로그로 돌아간 하루였다.

꽃 피는 날

출근길에 봄꽃을 보았다.

목련나무 가지 수많은 봉오리 중에 몇 송이가 흰 모시적삼 소맷동 같은 단아한 꽃잎을 열었다. 차를 세우고 가까이 가보고 싶었으나 출근시간에 쫓겨 그냥 지나쳐야 했다. 엊그제 소리 없이 비가 내리더니 그게 봄비였나 보다.

가다 보니, 어느 집 정원에 진달래가 화사한 분홍을 한 아름 펴놓고 있었다. 언덕길을 오르는 데, 길가 담 밖으로 걸쳐진 개나리 가지에는 피기를 기다리는 샛노란 꽃망울들이 곧 터트릴 시간을 재고 있는 것 같아 보였다.

"아, 오늘이 꽃 피는 날인가?"

목련꽃, 진달래꽃, 개나리꽃. 눈에 익은 고향의 봄꽃들을 만나니 반갑기 그지없었다. 우리 민요 「밀양아리랑」 가사에 '동지섣달 꽃

본 듯이 날 좀 보소.'라는 노랫말이 있다. 얼어붙은 겨울에 보는 꽃은 님을 본 것만큼이나 반갑다는 말인 것 같다.

음력으로는 2월이어서인지 아직 아침저녁으로 어둑하다. 새벽에 집을 나설 땐 내복을 입을까 말까를 망설일 만큼 쌀쌀하다. 그러나 한겨울의 그 바람은 아니다. 낙엽더미 속에서 보일락 말락 손가락만한 작은 키를 세우고 봄을 알리는 보랏빛 크로커스꽃이나, 청초한 노란 수선화는 이미 피었을 터이지만 난 아직 볼 기회를 가지지 못했다.

세우(細雨)에 묻어온 봄바람이 여기 저기 색을 칠하며 다닌다. 잎사귀 하나 없는 마른 나뭇가지마다 갖가지 화려한 꽃들이 부풀어 오르고, 거리엔 날마다 다른 색의 그림이 내어 걸린다. 벚나무, 사과나무, 붉은 자두나무, 복숭아나무 등 갖가지 나무들이 자신에게 주어진 순서대로 그렇게 꽃을 피우고 진다.

더운 김 오르던 들녘에서 동무들과 쑥, 냉이, 달래를 캐어 소쿠리째 냇물에 담가 흙을 씻어내던 내 유년의 봄이 아련하다. 서울 변두리, 수색역에서 변전소 쪽으로 더 가다 보면 넓은 딸기밭이 펼쳐져 있었다. 교회 청년부에서 봄이면 그곳으로 나들이를 가곤 했다. 무성한 초록 잎새 사이에 빨갛게 익은 딸기를 따 먹던 기억이 아직도 선명하게 다가온다.

봄을 사십 번이나 누린다는 것은 작은 축복이 아니다. 더구나 봄이 사십이 넘은 사람에게도 온다는 것은 참으로 다행한 것이다.

- 피천득의 수필, 「봄」 중에서

금아 피천득 선생은 봄을 누리는 것은 축복이라고 했다.

옛날엔 왜 그리 추웠는지, 연로한 노인들이 대개 겨울에 상을 당하는 일이 많았다. 지금은 어느 집이나 냉난방 시설이 잘 되어 있어서 그 혹독한 추위의 고통은 느낄 사이가 없는 좋은 세월을 살고 있다.

얇은 창호지 바른 방문을 여닫을 때마다 황소바람이 들이쳐 노인의 간장(肝臟)이 끊어질 듯한 해수 기침소리가 안타깝던 시절이 있었다. 그 겨울을 버텨낸 노인들이 볕드는 토방에 앉아 돋아나는 새싹을 보며, 찬연히 피어오르는 새봄의 꽃을 보는 것은 다시 자신이 태어난 듯한 기쁨이요, 환희며, 축복이 아닐 수 없었을 것이다.

국경의 언 강을 건너 중국에서 제3국으로, 그리고 이 미국땅까지 온 북의 여인이 있었다. 그녀는 밟고 온 고통의 시간들이 너무 아파서인지 말을 잇지 못하고 흐느끼기만 했다. 너무 다른 세상, 너무 다른 시간을 사는 여인의 가슴에 북에 두고 온 가족과 친척, 이웃들의 얼굴이 밟혔을 것이다. 이 부요한 땅 넘쳐나는 음식을 보아도 슬프고, 밝고 자유로운 사람들 속에 따라 웃기에도 죄스러워 슬펐을 것이다. 그 여인의 사랑하는 이들이 살고, 우리의 형제들이 사는 저 동토의 땅에도 어서 새봄의 꽃이 피어주었으면 좋겠다. 자유와 평화의 꽃이….

나는 꽃과 나무를 좋아한다. 그중에, 이른 봄 잔설을 뚫고 피어오른 꽃은 반갑기 그지없다.

꽃은 평화다. 꽃은 사랑이다. 꽃은 위로며, 기쁨이고, 선이고 아름다움이다. 꽃을 보는 순간은 누구나 마음이 열리고 따뜻해진다. 긴장이 풀리며 얼굴이 꽃처럼 환하게 펴진다.

나는 봄을 40번보다 더 많이 누렸지만, 봄을 맞을 때마다 내 마음의 감회는 늘 새롭다. 세월은 몸을 늙게 해도, 마음의 감정은 늙지 않나 보다.

내가 살던 불광천변의 흐드러지게 피던 벚꽃.

연분홍 이파리 바람에 흩날려 떨어져 내리면, 공연히 슬픔에 젖어오던 내 젊음의 한때가 먼 그리움으로 피어오른다.

'뿌셔뿌셔'를 먹으며

나는 어린 손자와 한국과자인 '뿌셔뿌셔'를 먹고 있다. 이 과자는 내가 좋아해서가 아니라, 손자가 좋아해서 같이 먹는다. 이 과자를 먹고 있으니 이 아이가 태어나던 날이 생각나 피식 웃음을 흘리게 된다.

그날 주일아침, 전날 저녁부터 배가 살살 아파오더니 지금은 조금씩 더 아파온다고 한다며 병원으로 가는 중이라는 아들의 전화를 받았다. 나는 얼마 전 미리 사다 놓았던 산모용 미역과 고기를 허둥지둥 물에 담가놓고 뭘 더 준비해야할지 머리가 정리되지 않고 마음만 급해졌다. 며느리는 임신 초기에 심한 입덧으로 고생을 많이 했는데 드디어 아기를 낳을 시간이 되었단다. 초산(初産)으로 이제 들어갔으니 어느 정도의 진통시간이 걸리리라는 계산을 하면서 한편, 태어날 손자 생각에 마음이 들떠 올랐다. 한 두어 시간이 지났을까? 아들이 급한 목소리로 또 전화를 했다. 며느리가 갑자기 수술을 받으러 수술실로 들어갔단다. 왜냐는 내 물음에 대답도 못하고 아들은 전화를 급히 끊었다. 국을 이제야 불에 올려놨는데…. 국이 끓기를 기다리는 동안 불안한 마음은 점점 더 커지고 주문처럼 내 입에서는 기도가 계속 이어지고 있었다.

뜨거운 밥과 국을 들고 땀이 범벅이 되어 병원에 도착해보니 방금 마취에서 깨어난 며느리는 놀란 눈으로 부들부들 떨고 있었다. 며느리를 보는 순간, 얼마나 놀랐을까? 짙은 애처로움이 밀려왔다. 그 상황에서도 "애기는요?" 자식을 낳은 어미의 첫 물음이었다. "응, 다 괜찮아!" 옆에서 대답하는 아들이 어찌된 영문인지 설명하기 시작했다. 아기가 나오려면 아직도 한참 더 있어야 한다고 해서 TV 보면서 '뿌셔뿌셔'를 먹고 있는데, 갑자기 간호사가 뛰어오더니 빨리 수술을 해야 한다고 하더라고. 이어서 의사들이 몰려들어 와서 무슨 이유인지 얘기도 안 해주고 임부(妊婦)를 급히 끌고 수술실로 들어가더라고. 뒤에 남은 간호사가 설명하기를 간호사실에서 스크린으로 아기의 상태를 체크하던 중에 아기가 '응가'를 한 것이 발견되어 즉시 수술하지 않을 수 없다 했다 한다. 만약 아기의 입으로 응가한 것이 들어가면 태아가 위험해질 수도 있다며, 그래서 계획에 없는 개복수술을 급히 해야한다고 설명하더란다. 이렇게 손자는 응가 한 방에 우리에게 놀라움을 주고 태어났다.

아기가 무사하다는 말에 며느리는 안정을 되찾아 갔고, 잠시 후, 간호사가 말끔하게 단장을 마친 아기를 강보에 싸안고 들어왔다. 아기는 아주 건강했고 엄마 품에 안기자마자 젖을 찾는 것이 신통방통하다.

옛날엔 임부가 아기 낳으러 방에 들어가면서 댓돌 위에 벗어놓은 신발을 돌아보며, '저 신발을 다시 신고 나올 수 있으려나?' 하며 들어갔다고 어른들에게서 들었다. 그만큼 옛날에는 아기 낳다 죽는 일이 흔했다 한다. 아무리 의술이 발달했다 해도 아기 낳으러 병원에 가는 것이 무슨 여행인 양, 편안하게 과자를 먹으며 TV를 봤다는 철없는 아들 생각을 하면 어이없어 웃음이 난다. 하기야 쉴 틈 없는 업무에 지쳐있던 차에, 며칠 얻은 해산 휴가를 좀 쉬어보고자 아들은 마켓에서 과자를 한 보따리 사다 놓고 좀 즐기려다가 난데없는 사태에 된통 놀란 모습이었다.

"애 낳는 것이 그렇게 쉬운 줄 알았냐? 세상에 태어나는 모든 생명은 어미의 생명을 담보하고 태어나는 거란다."

일주일 후, 한국에서 며느리의 친정엄마가 오셨다. 딸만 둘 낳은 사부인은 외손자를 안고 나보다 더 좋아하셨다. 나는 '뿌셔뿌셔' 먹다 된통 놀란 아들 얘기는 하지 못했다. 나중에 며느리 얘기를 들어보니, "나는 아파 죽겠는데 제임스는 아기 나오면 사진 찍어야 된다고 병실에서 샤워도 했어요." 한다.

어휴!

지나가지만 남겨지는 것

우리 가족이 이민 가방을 풀고 처음 정착한 곳이 미국의 중심부를 횡으로 관통하는 78번 하이웨이가 시작되는 중부 뉴저지였다. 딸아이가 들어간 하이스쿨엔 대부분 백인이었고 전체 학생 중에 동양아이는 몇 명 되지 않았다. 어느 날 역사 시간이었다 한다. 선생님은 지난 시간에, 다음에 공부할 동아시아의 역사에 대해 자료를 준비해올 것을 한국아이인 내 딸아이와 일본아이에게 각각 지시했다고 한다. 딸아이는 열심히 준비를 하는 듯했다. 도서관에서 자료를 찾기도 하고, 큰 종이에 한국에 관한 그림들도 잘라 붙이고 설명도 써넣었다.

그날, 딸아이와 일본아이가 각자 준비한 자료에 대해 간단히 발표를 한 후, 선생님은 19세기 동아시아의 전체적인 상황을 다시 간추려 주었다 한다. 1910년 일본이 강제로 한일합방 조약을 체결하고 한국의 국권을 빼앗아 식민지로 삼은 것과 1941년 일본이 하와이 진주만을 선제공격하여 미국이 세계2차 대전에 적극적으로 참여하게 되고, 1945년 일본의 히로시마에 미국의 원자폭탄이 투하됨으로 일본이 무조건 항복하여 2차 세계대전이 끝나게 되었으며, 한국은 독립을 얻게 되었다고 상세히 설명해 주었다.

그 이야기를 듣는 그 일본아이는 내 아이에게 퍽 미안한 표정을 짓더라고 한다. 두 아이는 같은 E.S.L반에서 영어를 배우며 동양인으로서의 동질감으로 가까이 지내는 사이였다고 한다. 그 아이도, 내 아이도 침략이니, 식민지니, 전쟁이니 하는 역사는 그냥 교과서의 활자일 뿐 현재로선 살갗에 와 닿지 않는 관심도 없는 일이었을 게다. 그러나 그 시대를 지나온 역사는 말하고 있었다.

한국을 침략한 나라, 세계를 상대로 전쟁을 일으킨 오만했던 일본, 이 땅에서는 수적으로도 훨씬 많은 미국인이나, 한국인들에게 그들은 주눅이 들어 있는 모습으로 보여졌다. 선조들이 지은 죄지만, 되돌릴 수 없는 역사가 그들을 떳떳지 못하게 하기 때문이리라. 국가든, 개인이든, 좋은 자취를 남겨야 함을 보게 된다. 나라의 국격(國格)은 국민들이 만들게 된다. 세계에 인정받고 존경받는 나라의 국민이 되도록 노력해야 할 것이다. 입시과목에만 매달리게 되며 역사공부는 뒷전이 될 수밖에 없는 조국의 현 교육제도를 보며 안타까움을 느낀다.

영국의 시인 바이런은 '가장 뛰어난 예언자는 과거이다'라고 했다. 역사는 과거를 통하여 후손들에게 옳고 그른 사실들을 알게 하여 그 속에서 지혜와 교훈을 얻게 해 준다. 힘없이 나라를 빼앗기는 과오를 되풀이 하지 않게 하기 위해 역사를 알아야 하고, 그 속에서 한국인의 정체성과 애국의 마음이 키워지게 될 것이기 때문이다. 현대에 있어 경제는 가장 큰 국력의 상징이라고 할 수 있다. 그러나 첨단의 지식 추구뿐 아니라, 역사와 교양, 인성교육, 등도 매우 중요하다고 생각한다.

이제, 20세기를 넘어선 우리의 역사도 세계에 뽐낼만한 역사를 쓰고 있다고 생각한다. 폐쇄되고 가난했던 나라, 양반과 천민의 차별로 또한 남자와 여자가 달리 대우 받으며 살아야 했던 시대는 지나갔다. 한국은 이제 세계가 부러워하는 첨단문화 속에 살고 있고 사람들은 풍족함 속에 살을 빼는 것에 골몰하고 있다. 이밥에 고깃국을 염원하는 북한 주민들처럼, 껄끄러운 꽁보리밥이 지겨웠던 세월을 산 우리 세대는 현재 이 부요(富饒)가 얼마나 감사한지 알고 있다. 이만큼 밝아지고 살만한 세상이 되기까지 선조들의 수많은 희생과 노력이 있었으며, 많은 나라들의 도움이 있었음을 아이들이 알게 해야 한다.

나는 우리의 젊은이들이 자랑스럽다. 이들의 머리에서, 이들의 가슴에서 애국을 넘어선 온 인류에 공헌할 지혜가 나오고, 세상을 보듬는 용기와 헌신이 나오기를 바란다. 각기 다른 모양들의 격차가 어우러져 모자람을 메우고, 모서리 없는 둥그런 지구 어디로든지 우리의 사랑을 흘려보내야 하리라. 버무려 목마른 세상을 적시게 될 따뜻한 감성의 인격자로 우리의 아이들이 키워져야 할 것이다. 그래서 훗날 우리의 역사가 세계 속에 위대한 민족으로 빛나게 되기를 그려본다.

딸아이는 이국(異國) 땅에서 다른 나라 아이들과 함께, 다른 나라 선생님에게 내 나라의 역사를 배우는 것이 도무지 어리둥절하다는 표정이었다. 역사는 '지나가지만 남겨지는 것'임을 선생님은 아이들에게 일깨워 주고 있었다.

4.

길 위의 꽃

아들의 방

결혼해 나간 딸과 아들이, 모처럼 엄마 아빠가 같이 쉬는 동안에 여행을 다녀오라면서 버지니아 쪽의 콘도와 호텔을 저희들끼리 예약해 버렸단다. 생각지 않은 여행을 떠나는 아침, 아들은 주의사항을 적은 쪽지를 내 손에 쥐어 주었다. 쪽지엔, 콘도까지의 디렉숀과 콘도의 현관문을 여는 방법(관리인이 없는 숲 속의 숙박시설이므로) 콘도 주위의 관광지, 다음 일정의 호텔 디렉숀까지 자세히 써 있었다.

'호텔에서는 아침서비스가 포함돼 있으니 아침은 호텔에서 드세요.'

'사슴이나 토끼 등, 짐승들은 병균이 있으니 절대로 만지면 안돼요.'

'모르는 것이 있으면 꼭 나에게 전화주세요.' 등 등.

남쪽으로 내려 갈수록 가을은 더욱 화려하게 물들어 있었다. 어느새 우리의 보호자 역할을 할 만큼 커버린, 아들의 따뜻한 온기가 가는 내내 내 가슴을 꽉 채우고 있었다.

워낙 말이 없고 무뚝뚝하여 살가움은 없던 아이였다. 내 생일에도 제 누나가 쓴 감동 어린 생일축하 글 밑에 '나도'라고 꼽사리껴 생일카드를 해서 제 누이의 눈 흘김을 받곤 했다. 카드 한 장에 두 마음을 담으면 됐지 무엇 하러 카드 한 장을 더 사냐는 그의 실용적인 뜻을 알기에, 나는 오히려 그런 아들이 믿음직스럽기만 했다.

아들은 중학교 1학년 때 이민을 왔다. 한국아이가 거의 없는 학교에서 영어가 서툴러 자유롭게 자신의 생각을 표현할 수 없는 답답함, 유색인인 자신에게 던져지는 시선들. 공연히 열등감에 움츠러들 수밖에 없는 상황이었으리라.

학교생활이 어떠냐고 묻는 내 물음에 아이는 항상 "괜찮아, 괜찮아"라고 답했다. 엄마 아빠가 미국땅에 정착하려고 쉼 없이 일하고 저녁에는 지쳐 돌아오니 자신의 힘든 마음을 내색하지 않았던 것이다.

언젠가 아들의 책상을 치우다 E.S.L반에서 실시하는 영어로 쓰는 일기를 보게 되었다. 학교에 처음 들어가서 선생님의 말도, 아이들의 말도 알아들을 수 없는 그 시기에 쓴 일기였다. 일기의 내용은 매일 거의 똑같았다. 그날의 날씨와 학교에 갔다 왔다. 혹은 교회에 갔다 왔다 등 두세 줄 밖에 안 되었다. 그러나 아이의 생활을 살펴서 도움이 되고자 하는 E.S.L반 미국 선생님의 댓글은 언제나 더 길었다. 아이의 일기 속에는 표현하진 않았지만 그의 힘들고 외로운 아픔들이 고스란히 담겨 있는 것을 어미는 알 수 있었다. 영어 때문에 힘들고, 얘기할 친구가 없어 외롭고, 넉넉지 못한 가정형편도 그렇고. 아이는 그 모든 것을 오직 세 문장 속에 줄여 버렸다.

한참 사춘기를 지날 때쯤이었나? 아이는 한국의 서태지나 유명 가수들의 노래를 즐겨 들으며, 머리모양이나 옷차림에도 꽤 멋을 내는 모습을 보였다. 나중에 딸에게서 들은 바로는, 그 즈음 학교에서 치어리더로 인기 있는 한 백인 여자아이가 우리 아들을 많이 좋아했다고 한다. 그러나 그것을 못마땅히 여기던 백인 남자아이들이 아들에게 은근히 위협을 하여 제대로 사귀어 보지도 못하고 끝난 것 같다한다. 물론 아들은 그 여자 아이의 일방적인 대시(dash)에 제대로 응수도 하지 못했을 것이다.

어느 날, "넌 미국친구들 안 사귀니?" 하는 내 물음에 "없어요"라고 짧게 대답하는 아들 곁에서 딸아이가 덧붙였다.

"방도 없는데 어떻게 애들을 불러."

그 말에 난 화들짝 놀라 입을 다물었다. 그때 우리는 방 두 칸짜리 아파트에 살고 있었다. 우리 부부와 딸이 방 하나씩을 차지하니, 아들은 마루에 책상을 놓고 소파 겸용 침대를 사용 했다.

혹, 이민살이가 적응이 안 되면 도로 돌아가게 될지 몰라 두고

왔던 서울 집을 싸게라도 팔아달라고 친정 동생에게 부탁을 했다. 헐값에 서울 집이 팔려 돈이 오기까지 2년이 더 걸렸다. 드디어 집을 보러 다니고 클로징 하고 수리를 하는 동안 나는 가게 일이 끝나면 홈디포로, 이케아로 다니며 아이들 방 치장 할 물건을 사러 다녔다. 아들에게 방을 줄 수 있다는 설레는 기쁨으로 피곤한 줄도 몰랐다.

새 집에 이사를 했을 때가 6월이었고 아들은 12학년이었다. 그 해, 여름방학 동안 아들은 아르바이트를 하느라 그의 방은 비어있는 시간이 더 많았다. 8월 말이 되니 아이는 짐을 싸서 집에서 3시간 거리의 대학 기숙사로 들어갔다.

새로 들여놓은 침대와 매트리스, 세트로 마련한 푸른색 이불과 베개, 그리고 푸른 계열 천으로 만들어 단 커튼, 그리고 새로 산 프레임에 넣은 사진들. 그렇게 바라던 내 눈물 같은 꿈은 주인 없는 빈방에 주저앉았다.

대학 생활을 하며 방학이 되면 집에 돌아오지만, 아르바이트다, 썸머캠프다 하여 집에 있는 시간이 별로 없었다.

대학을 졸업하고, 인턴생활을 할 때 한 6개월여 집에서 출퇴근 한 것이 제일 길게 제 방을 쓴 시간이 된다. 그리고 대학원에 들어가고 대학원 졸업 시험을 마치던 날, 큰 자루에 대학원 기숙사에서 쓰던 책, 세면도구, 옷과 신발까지 한 군데 쓸어 담아가지고 와서 마루에 내려놓고 그 길로 공항으로 달려갔다.

인턴 생활 중 같은 회사에서 만난 한국의 대학원생과 2주 후에 잡힌 결혼식 준비로 미리 가야 했다. 직장에 들어가면 한국에 가서 결혼식 할 시간이 없을 것 같다 하여 결혼을 서둔다 했다.

그렇게 우리도 쫓아 들어가 결혼식을 마치고 온 후, 나는 신혼여행을 마치고 돌아오면 들어가 살 아들내외의 작은 아파트를 청소하고 돌아왔다. 그리고 늘 비어 있던 아들의 방에 들어와 앉아 보았다.

한참 예민한 청소년 시절, 방이 없다고 불평 한마디 하지 않던 아들에게 그때의 아픔을 보상해 주고 싶었던 어미의 마음은 아들 방의 푸른 시트 위에 그대로 남겨졌다.

잘 살아라, 우리 아들!

조춘(早春)

봄이 오나 보다.

이른 안개가 아침을 덮더니 한낮의 연한 햇살이 쌓인 눈을 녹이고 있다. 앞뜰에 물기 질편한 잔디 한 자락이 드러나고, 겨우내 눈 속에 쌓였던 낙엽 더미에서는 퀘퀘한 두엄 냄새도 새어 나온다. 겨울은 땅속에 온갖 생명을 감싸 껴안고 기다리다가 이제 단단한 눈 이불을 조금씩 거두어 내고 있다.

혹독한 삼동(三冬)에 어디에서 어찌 살아내었는지 이 나무 저 나무 옮겨 날며 '뾰로 롱~ 뾰옹' 저 혼자 들떠있는, 머리에 로마 병사의 투구 같은 벼슬을 단 붉은 새의 봄맞이 노랫소리가 명랑하다. 새 사전을 찾아보니 그 새의 이름이 '카디날' 새라고 한다.

밖이 하 수상하여 나도 집을 나서 공원으로 향했다. '새들리버 카운티 팍'이라 이름 붙은 이 공원은 좁은 폭의 물길이 북쪽에서 남쪽으로 여러 타운을 거치며 흐르는 강을 끼고 있다. 물줄기를 따라 걷는 산책로 때문에 나는 이 공원을 좋아한다. 공원에는 이미 많은 사람들이 나와 걷고 있었다. 속삭이듯 나직히 흐르는 강물을 바라보며 걷다 보니 길 곁 놀이터에서 들려오는 아이들 웃음소리가 싱그럽다. 추운 줄도 모르고 아이들은 부산하게 놀이를 즐기고 있다. 자전거의 페달을 힘차게 밟는 젊은이의 다리는 굵은 힘줄 꿈틀대는 맨살이다. 등 굽은 노부부의 느린 걸음도 보기 좋다.

물길은 둥근 아취모양의 다리 앞에서 폭포를 만들어 놓는다. 제법 우렁차게 쏟아져 내리는 물소리는 세상 소음에 먹먹하던 귀를 씻어내며, 무겁게 들고 다니던 마음의 상념도 하나씩 하나씩 발 아래로 떨어내고 있다.

지난겨울 꽁꽁 얼었던 강물은 다 풀어져 막힌 데 없이 편안히 흐르고 있다. 그러나 길 가에 쌓아놓은 눈더미는 시커멓게 얼룩진 채로 서서히 그 키를 줄이고 있다. 빽빽이 들어찬 숲 그늘에도 아직 녹기를 기다리는 잔설이 남아있다. 호숫가의 얼음은 거의 다 녹았으나 호수 중앙엔 몸집 큰 4~50마리의 거위와 청둥오리들, 그리고 수많은 회색 날개를 가진 흰 갈매기들이 채 녹지 않은 얼음 위에서 자신들을 보고 있는 호숫가 사람들의 눈길을 받고 있다. 이제 그 호수의 얼음의 두께는 그 새들의 무게를 지탱할 만큼만 남은 것 같다.

칙칙한 암갈색의 잔가지들을 붙들고 선 겨울나무를 보는 것이 너무 식상해질 때면 새봄을 기다리는 사람들의 마음을 아는 듯 자연은 슬며시 봄의 문을 열어놓는다. 언 흙 풀려 구멍 숭숭 뚫린 물가 둔덕에 아직 풀싹은 보이지 않았다.

무생물처럼 보이는 마른 씨앗이 때가 되면 화사한 꽃을 피워내는 것을 우리는 안다. 우주의 주인은 한 번도 거른 적 없이 계절을 열어준다. 그의 시간표대로 이른 비와 늦은 비를 내려 주어 꽃이 피고 잎이 나게 한다. 그의 신묘한 운행을 우리가 어찌알랴. 몇 십 년을 살아도 봄은 늘 새봄이고 꽃은 늘 새로 피는 것을….

늙은 사람의 흰머리를 '귀밑의 해묵은 서리'라고 표현한 조선의 문신(文臣)이었던 김광욱도 새로 오는 자연과 달리 어쩔 도리 없이 늙고 병들어 세상을 영영 떠나야 하는 인생무상을 서글퍼했다.

동풍(東風)이 건듯 불어 적설(積雪)을 다 녹이니
사면(四面) 청산(靑山)이 옛 모습 나노매라
귀밑의 해묵은 서리 녹을 줄을 모른다.

– 김광욱, 「율리유곡」 중에서_

공원 벤치에 앉아 빈 가지 하늘 향해 뻗은 나무들을 본다.

작년에 피었던 꽃잎을 나무마다 내어단다. 개울 곁 홍매화나무에는 다섯 장의 붉은 매화잎을, 놀이터 앞 긴 가지 뼈만 남아 엉켜있는 개나리나무에도 화사한 노란 꽃잎을, 산책로를 따라 빽빽이 피어오르던 벚나무 가지에 흰 꽃잎을 매어단다.

그리고 한켠에 마른 가지 성글게 떨고 있는 진달래나무도 꽃을 단다. 연하디 연하여 만지면 뭉그러질 것 같은 연분홍 꽃잎을….

수많은 꽃이 한꺼번에 피어오르면 나무 한 그루가 그대로 꽃다발이 되던 그런 봄날을 미리 끌어당겨본다.

이른 삼월, 아직 새벽에는 살얼음이 얼고 주말에는 또 눈 예보가 있지만 나의 이른 봄 속에는 들판 가득 초록이며 나무마다 가지마다 꽃이 피어난다.

크리스마스 캐럴

미국의 온 대륙엔 추수감사절이 지나기 무섭게 크리스마스 무드로 들썩인다. 라디오에선 종일토록 크리스마스 캐럴이 흘러나오고, 집집마다, 거리마다, 크리스마스 데코레이션으로 치장된다. 미국에서만, 크리스마스 시즌에 대략 158억장의 우표가 팔린다는 우체국은 일 년 중 가장 바쁜 때가 되고, 교회에선 크리스마스 축하잔치를 연습하는 아이들로 북적인다.

무대 위에, 보름달만큼 불룩한 배를 안고 고통스러운 표정을 짓고 있는 마리아가 앉아있다. 소, 양, 말, 등 각 가축들의 형상을 그려서 머리에 쓴 아이들과 요셉이, 마리아 주위에 둘러 서 있었다. 산통을 겪고 있는 마리아를 향해, "푸시! 푸시!" 하며 합창을 한다.

곧, 마리아의 품에 아기예수를 대신한 인형이 안겨졌다. 주일

학교 아이들의 성탄 축하 공연을 보면서 한국에선 아기 낳는 산모에게 '힘 줘!'라고 하는데 여기선 'push!(밀어)'라고 표현되는 것이 재미있게 느껴졌다.

내게도 그런 때가 있었는데…. 연기처럼 사라져 버릴 것 같은 가물가물한 기억을 더듬어 본다. 넓은 들 한 쪽 끝에 하얀 교회가 있었다. 교회의 종탑에서 땡땡 종소리가 울려 퍼지면 들을 지나 마을로 집집마다 평화로운 울림이 스며들곤 했다. 내가 일곱 살쯤 되었었나? 어머니는 나와 오빠에게 굵은 털실로 손수 뜨개질 한 두툼한 겉옷을 입혀주며 머리에서 발끝까지 단단히 싸매어 주었다.

"동생 잘 데리고 갔다 오너라."

남매는 손을 꼭 잡고 집을 나섰다. 배꽃 같은 눈이 하늘하늘 춤을 추며 내리고 있었다. 마을의 긴 신작로를 지나 들로 들어섰다. 들 가운데 있는 방앗간을 지나자 거칠 것 없는 빈 논 벌판에서 들바람이 휑- 소리를 내며 남매 앞을 막아섰다. 그리고 하늘거리며 천천히 낙하 하던 눈꽃들을 휙- 휙 휘돌려치고 있었다. 움츠리는 어린 누이를 보고 "업어 줄까?"

오빠가 등을 내어 밀었다. 누이는 고개를 가로 저으며 들고 있던 아기 인형을 꼬옥 끌어안았다. 마리아가 된 설렘에 누이는 추운 줄도 몰랐다.

유치부 율동을 맡은 선생님은 '고요한 밤, 거룩한 밤'의 찬송곡에 맞춰 율동을 가르쳤는데 마리아 역을 나에게 시켰다. 내가 율동을 어떻게 했는지는 뚜렷이 기억이 안 난다. 다만, 모두 같이 율동을 하다가 맨 마지막에 내가 가운데 앉아 아기인형을 안고 재우는 동작을 하면 다른 아이들이 마리아를 향해 손을 뻗어 고개를 숙이는 동작으로 끝이 났다.

나는 동네에서 춤을 잘 추는 아이가 되었다. 내가 지나가면 긴 담뱃대로 담배를 피우거나, 장기를 두시던 할아버지들이 "겡애야, 춤 한번 추어봐라."

"창가 한번 해봐라."

들에서 일하던 아저씨들도, 아주머니들도, 나만 보면 "춤 한번 추어봐라, 창가 한번 해봐라"고 해서 너무 귀찮았던 기억이 난다. 그때 난, 마을의 아이돌쯤 되지 않았을까 싶다. 나도 믿겨지지 않는 사실이지만….

잘한다, 예쁘다는 사람들의 칭찬에 어린 나는 정말 그런 줄 알았다. 현실을 깨달은 것은 얼마 후, 서울로 이사를 온 뒤였다.

그리움이 눈처럼 소복소복 쌓인다. 잔잔한 꽃무늬 저고리를 입은 곱던 어머니의 모습이랑 오빠와 함께 크리스마스 축하공연 연습을 하러 다니던 눈 내리는 그 신작로와 하얀 교회, 업히라고 작은 등을 내밀던 어린 오빠의 모습까지, 빛바랜 사진처럼 희미하게 떠오른다.

얼굴도 본 적 없는 큰외삼촌 할아버지에게 여러 개의 하트모양과 'I love you'를 잔뜩 그린 어린 손녀의 카드에 내 편지도 넣어

포장을 했다. 오랜 병중에 있는 오빠에게 내가 해 줄 수 있는 것이 아무것도 없다. 한국으로 출장 가는 아들 편에 오빠에게 전할 작은 선물과 카드를 보내지만 묵직한 슬픔은 내 가슴에 그대로 남겨진다.

쇼핑몰마다 주차할 곳을 찾는 차들로 넘쳐나고, 크리스마스트리의 불빛이 들뜬 사람들의 마음처럼 반짝이고 있다. '고요한 밤, 거룩한 밤'의 캐럴이 울려 퍼진다. 이 때쯤이면, 50년도 넘은 그때의 크리스마스가 잔잔히 떠오르곤 한다.

온 인류의 구원자가 말구유에 오신 밤이었다. 말이 먹는 밥그릇, 갓난아기는 말구유 위에 꼴을 깔고 누우셨다. 병든 자, 가난한 자, 천하고 죄 지은 자도 다가갈 수 있도록 낮은 데로 오시었다. 귀하고 순전한 아기 예수의 평안이 온 땅에, 또한 내 오빠의 병상에도 임하기를 간절히 기도해 본다.

어릴 적 아기예수 인형을 안은 마리아가 되어….

내 속에 사는 꿈

내게
문학은

새벽이슬처럼
정(精)한
한마디 진실이고 싶다

지친 나그네에게
건네는
한 잔 위로이고 싶다

모란이
뚝뚝 떨어져 내린 후
피어나는
붉은 사랑이고 싶다

묘한 세상,
가슴 떨리는
감동이고 싶다.

꿈을 꾼다. 꿈은 자유롭다. 꿈은 누구에게 구속받지 않을 뿐 아니라 누구에게 피해를 주지도 않는다. 비록 이뤄질 가능성이 적을지라도 꿈을 꾸는 동안엔 늘 긍정적인 에너지가 솟는다. 가끔, 가슴속에 대차게 앉혀놓은 설은 꿈을 꺼내보며 지금 깔고 앉아있는 부정적인 현실을 스스로 위로하기도 한다. 꿈꾸는 자는 가난하지 않다. 꿈꾸는 자는 꿈이 있어 부끄럽지 않다. 지쳐 절망이 고개 쳐들 때마다 꿈이 희망을 보게 한다. 꿈은 어느새 그것에 가까워지게 하기 때문이다.

그러나 꿈은 깨끗해야 빛난다. 꿈은 늘 거짓이 없는 진실한 자 편에 서길 좋아한다. 자신의 꿈이 성취되므로, 나 외의 다른 이에게도 유익이 미칠 수 있다면 더 멋진 꿈이 될 것이다.

꿈같은 나의 바람은 실현가능성이 희미한 허망(虛望)일지 모른다. 그래도 난 그냥 가지고 있으련다. 어차피 꿈이니까.

겨울을 달려온 봄

'종일토록 청려장 지팡이를 짚고 봄을 찾았지만 뜻을 이루지 못하고 집에 돌아와 보니 매화나무 가지 끝에 봄이 와 있더라.'라는 고시(古詩)가 있다.

앞뜰 낙엽더미 속에서 작은 키를 곧추 세우고 간신히 고개 쳐든 크로커스 꽃, 하마터면 그냥 지나칠 뻔했다. 연한 보랏빛 봉오리, 다칠세라 차마 만져볼 수도 없다. 아직 겨울의 끝이 찬데 봄은 벌써 문 앞에 와 있었다. 지난해 수선화 진 자리에도 뾰족 뾰족 싹이 올라오고 있었다.

어디였을까?

눈보라 몰아치는 시베리아 자작나무 숲에서부터 시작되었을까? 두껍게 얼어붙은 엔베강도 건넜을까? 싸락싸락 싸락눈 내리던 밤, 벽난로에 장작이 타오르고 혼곤한 졸음에 들었을 때에도 그대 어디쯤 찬바람을 저어 오셨을까?

쉬지 않고 달려왔을 내 사랑은 꼭꼭 닫힌 내 집 대문 앞에서 얼마나 서운하였을까? 긴 겨울 내내 기다리던 나는 당신이 내 뜰에 온 뒤에도 미처 보지 못하였구나.

그대는 고운 입술로 차갑게 언 흙을 깨우고 단 김을 땅에 불어넣었구나. 아직 봄바람은 멀지만 그대 지나온 길가엔 연한 초록의 싹이 올라오고 있구나. 꿈결처럼 들리는 저 시냇물 소리는 아마 남쪽으로부터일 테지. 물가에 버들개지는 그 솜털 부숭한 눈을 열고, 풀밭에 숫거위 한 마리, 알을 품은 암거위를 위해 부릅뜬 눈으로 그 주위를 맴돌겠지? 푸르른 온 대지에 갖가지 꽃들로 만발하게 되면, 내 마음은 창꽃 머리에 꽂은 열한 살 아이가 되어 온 들판을 휘돌아 달리게 되겠지.

입춘이 지났는데도 겨울은 떠나기를 머뭇거리고, 찬바람 버석이는 길가엔 옷 벗은 나목들이 안쓰러워 보인다. 얼어붙은 삼동(三冬)을 지나기는 지루했지만 그 겨울도 아름다웠다. 연일 계속 되던 폭설은 길을 막아 사람들에게 신비로운 천상의 백설 나라를 보여주었다. 나무들이 만드는 흰 눈꽃의 축제는 눈부시게 아름다웠으며, 눈이 녹으며 얼어붙은 나뭇가지의 빙화(氷花)는 온통 세상을 보석처럼 반짝이게 했다. 그러나 이제 그 긴 겨울도 돌아가지 않을 수 없겠다. 밍기적대고 있는 뒤뜰 응달진 구석의 때 묻은 잔설이 오늘은 더 납작 엎드려 있다.

겨울이 추울수록 봄은 더 기다려지고, 새로 오는 봄을 만나는 것은 반가운 설렘이 아닐 수 없다. 이제 곧, 봄은 땅 속에 감추어 둔 생명의 수액을 끌어올려 죽은 것 같았던 나무의 정지 된 맥박을 뛰게 할 것이다. 마른 나무표피를 뚫고 싹을 움트게 할 것이며 그 어느 봄보다 더 아름다운 꽃을 피울 것이다. 내게 봄은 언제나 경이로움이었다. 계절은 때마다 다름을 보여 주었고 해마다 업그레이드 된 새로운 신비를 발견하게 하였다.

봄은 기어이 겨울을 뚫고 달려왔다.

무거운 외투도 벗고 움추렸던 가슴을 펴봐야겠다. 돋아나는 새싹처럼 새봄의 기운을 빨아들여 생명을 잉태하는 봄의 심장으로 다시 푸르러져야겠다.

노오란 수선화 함초롬이 고개를 모아 잔바람에 떨고, 가지마다 소복한 하얀 목련꽃, 집집마다 봄을 매달아 걸게 될 때면 세상은 온통 꽃밭이 된다. 봄에 태어나는 생명들 예쁘지 않은 것이 있으랴.

길 위의 꽃

길을 건너려다 작은 들꽃을 발견했습니다.

자세히 들여다보니 흰 들국(菊)이었습니다. 깨진 보도블록 사이로 내민 가녀린 가지 끝에 손톱만한 꽃 두 송이가 세찬 바람에 맞서 흔들리고 있었습니다. 아직 첫눈은 오지 않았지만 이제 12월도 중순으로 들어서는 겨울인데 이제야 꽃을 피워낸 저 꽃이 가던 걸음을 멈추게 합니다.

하필, 식물이 자라기에 척박한 그곳에 뿌리를 내리고 늦은 개화를 한 그 꽃이 대견해 보입니다. '나도 꽃'이라는 듯, 의연히 꽃의 자존을 지키고 있는 것 같아 보입니다. "그래, 너도 꽃이야" 나도 그 꽃에게 말해 주었습니다.

요행히 사람들의 발끝에 밟히지 않고 살아남은 것이 장하고, 너무 작아 그냥 지나쳤을 사람들 대신 나라도 꽃 대접을 할 수 있는 기회가 주어진 것도 다행이라는 생각이 들었습니다.

헤아릴 수 없이 많은 식물들이 꽃을 피우고 집니다. 그중에는 특별히 아름다워 많은 사람들의 눈길을 모으며 찬사를 받는 꽃이 있는가 하면 그렇지 못해 주목받지 못하는 꽃들도 허다합니다. 어디 꽃뿐이겠습니까 사람도 마찬가지 아닐까라는 생각을 해봅니다. 사람도 세상에 태어날 때부터 각기 다른 환경이나 조건을 가지고 태어납니다. 타고난 외모나 재주가 그렇고, 부모의 부와 명예와 권력도 태어나는 아이의 장래의 삶에 어느 정도 영향을 미친다고 할 수 있을 것입니다.

저 길 위의 들꽃을 보며 우리네 어머니들을 생각합니다. 생겨난 자식들 품에 안은 어머니는 강하고 당당했습니다. 들꽃 같은 삶은 고달팠지만, 텃밭에 외무 자라듯 쑥쑥 자라나는 자식들을 보면 힘이 솟아났습니다.

반쯤 꺾인 허리로 아직도 밭이랑에 앉아 풀뿌리를 뽑아내는 노인의 손은 닳고 닳아, 흙투성이의 뭉툭한 생강쪽 같습니다. 그들에게도 꽃이던 시절이 있었습니다. 땋은 갈래머리 아래, 복숭아빛 볼에 단물이 오르던 해맑은 꽃이었습니다. 달지도 시지도 않아 오이같이 무미(無味)한… 풀냄새처럼 순수한 청량감만 나던 비릿한 순이었습니다. 매일 찾아오는 새벽이슬의 은근한 눈빛에도 수줍어 하던 들꽃이었습니다.

자의(自意)로 이룰 수 없었던 꿈. 사랑.

16살 처녀의 가슴이 무담시 뛰던 때가 언제였는지.

어느 해, 짧은 봄볕처럼 지나간 시절이었습니다.

어찌된 인연으로 얼굴 한 번 못 본 사람과 신랑 집 마당에 차양을 치고 혼인 하던 날 원삼에 족두리 쓴 새색시는 얼굴 들어 새신랑 한 번 똑바로 쳐다보지 못했다 합니다. 신랑의 푸른 명주바지 아래로 보이는 흰 버선 발 밖에는….

이제 일하지 말라는 자식들 성화에도, 휜 허리 자고 일어나면 다시 힘이 납니다. 또 밭으로 걸음이 그냥 옮겨집니다. 거기에 자식들에게 보낼 노인의 기쁨이 쑥쑥 자라고 있습니다. 그 밭에 손주들 좋아하는 열매가 자랍니다.

화려한 꽃병에 꽂혀 본 적 없는 우리네 어머니들, 저 길 위의 들꽃 닮았습니다.

행복하세요, 아저씨

반값만 받을 걸 그랬나?

막대자를 놓고 바지 밑단 위에 줄을 긋던 나는 엊저녁 문 닫을 무렵 조심스레 가게 문을 밀치고 들어오던 이 옷의 주인인 그 흑인 아저씨의 모습이 떠올랐다. 그는 미소 띤 얼굴로 값부터 물어보았다. 그리고는 주머니에서 꼬깃한 돈을 꺼내 pre pay(선불)를 했다. 손이 원래 까맣지만 그분의 손등은 군데군데 닳아 반짝이는 굳은살로 얼룩져 있었다. 다쳤는지 살이 허옇게 까져 있는 것도 보였다. 난, 여태 그렇게 험한 손을 본 일이 없다. 얼마나 일을 많이 했으면 그렇게 되었을까? 그러고도 얼마 안 되는 바짓단 줄이는 돈이 모자랄까 불안해하는 모습이 내게 애잔한 아픔으로 다가왔다. 돌아서 나가는 초라한 그의 행색을 보며 나도 모르게 긴 한숨이 내쉬어 졌다. 손에 기운이 쭈욱 빠져 나가는 것 같았다.

세상은 왜 이리 불공평한가?

오늘 저녁 야구 월드시리즈의 뉴욕 양키스와 필라델피아 필리스 팀의 결승전이 될지도 모르는 야구경기의 입장권이 한 장에 이만 불이 넘는 가격으로 팔리는 자리도 있다는데…. 그것을 사서 구경하는 사람은 누구며, 굳은살이 박이도록 험하게 일을 해도 하루하루 사는 것이 버거운 삶은 무엇이란 말인가 호크도 떨어져 나간 헌 바지를 줄이는 것으로 보아 자기가 입던 바지는 아닌 듯하다.

측은한 마음에 세상을 향해 불평이 쏟아지는 건 내 생각일 뿐 그러나 그의 표정은 한 번도 어떤 불평이나 불만을 마음속에 담아 보지 않은 것 같은 선하고 편안한 얼굴이었다.

비록 가진 것은 없지만 힘들어도 평안할 수 있는 마음을 그에게 주신 공평한 하나님이 계셨음을 알 것 같다. 빈부 가리지 않고 똑같은 공기주시고, 하늘에 밝은 태양과 저토록 아름다운 달빛을 누구에게나 보게 하시는 그것만으로도 불평하지 말아야지!

그 아저씨보다 더 가난한 마음으로 사는 내가 부끄럽다. 떨어진 호크를 달면서 다시 떨어지지 않도록 몇 번을 힘주어 꿰맸다. 주말인 오늘 찾게 해달라고 하는 것이 아저씨에게도 모처럼 좋은 일이 있는가 보다. 부디 즐겁고 행복한 시간되길 빌어 본다. Enjoy! be happy! 아저씨!

언어의 품격

90년대 큰 인기를 끌었던 한국영화가 있었다. 나는 막상 그 영화가 유행할 즈음에는 보지 못하고 있다가 나중에 빌려온 비디오로 아이들과 함께 보게 되었다. 그 영화는 조직 폭력배들 사이에서 일어나는 다툼과 우정을 그린 영화였는데, 상스러운 욕이 난무하여 몹시 당혹스러웠다. 당시 중·고등학생이던 딸과 아들도 얼굴이 벌게지며 안절부절못하는 눈치였다.

그로부터 20여 년 사이에 욕은 어린 초등학생부터 중·고등학생 등, 젊은이들 사이에 보통 생활언어가 되다시피 한 것을 보게 된다. 아직 분별력이 모자라는 어린 아이들에겐 주위의 또래에게서 흥미를 느끼며 따라 하기를 좋아한다. 친구들 사이에서 욕으로 대화를 하는 것이 신세대의 고급한 문화나 힘의 우위에 서게 되는 양, 휩쓸리게 되는 것 같다. 욕을 하지 않는 아이는 또래들에 뒤처진 지진아 취급을 받는 매우 어이없는 현상이 된 것 같다. 욕은 전염병처럼 급속히 퍼져나가 여린 순같이 순진해야 할 아이들의 내면까지 더러움으로 물들게 하지 않을지 걱정된다. 요즈음 나오는 영화에서는 욕설은 기본이고, 성인 방송이나, 인터넷에서 막말과 욕이 난무한다. 그런 막말이나 욕을 사용하는 부류는 따로 없이 인기연예인, 정치가, 심지어 언어로 세상을 맑게 해야 하는 문인들까지 언론의 자유(?)를 만끽하기 위함인지, 인기 끌기(?)용으로 일부러 쓰는 건지 건전치 못한 언어를 선도하는 역할을 하고 있다는 생각을 하게 된다.

언어의 자유, 자유민주주의 사회에서 누구나 자유로이 말할 수 있다. 천박한 말도, 품위 있는 말도. 언어는 사람을 가리지 않는다. 다만 사람이 언어를 가린다. 언어는 돈을 주고 사는 것도 아니고 귀천도 없이 누구에게나 공짜다. 그래서인가? 언어는 자유를 넘어 폭력이 되고 있다. 더구나 빛의 속도로 전 세계에 퍼지는 인터넷상에서 언어는 그 파급력의 위력이 대단할 수밖에 없다. 문제는 인터넷 사용자는 글을 아는 이면 누구나 볼 수 있다는 것이다. 유치원생 어린아이도, 초등학교 1학년 아이도….

그저 심심해서 인터넷에 장난처럼 던진 한마디 막말이, 그 상대의 생명을 버려야할 만큼 마음에 상처를 주는 글도 있고, 생각 없이 던지는 욕설들이 자신 스스로의 품위를 떨어뜨리는 것임을 알아야 한다. 상스러운 욕을 거침없이 내뱉음으로, 자신이 자유인의 척도를 높이는 월등한 사람이라도 된 것으로 생각하는지 참으로 안타깝다.

우리 옛말에 '가루는 칠수록 고와지고 말은 할수록 거칠어진다.' '쌀은 쏟고 주워도, 말은 하고 못 줍는다.'라는 말이 있다.

그러나 '말 안하면 귀신도 모른다.'라고 했으니 말이란, 하지 않고 살 수도 없는 노릇이다. 한마디 한마디를 신중히 가려서 해야 하는 쉽고도 어려운 것이 말이라 생각된다.

말은 형태가 없으나, 힘을 가지고 있다. 사람의 마음을 감동시켜 천냥 빚을 갚게도 하고, 비수가 되어 평생 원한으로 남게도 한다. 상대의 아픔을 같이 아파하는 진실한 위로의 말은 지친 이를 보듬어 일어나게 하는 위안이 되며, 스스로 죽음 앞에 선 이를 다시 삶으로 돌아서게 하는 생명이 되기도 한다.

인생을 먼저 살다 남기고 간 현자(賢者)의 말 속에서 우리는 삶의 지혜를 얻고, 때로는 시인의 명경(明鏡)에 담긴 한 줄 시 속에서 뭉친 가슴이 풀어져 내리기도 한다.

잘 갖추어 입은 신사의 입에서 구정물같은 더러운 말이 뱉어진다면, 그 사람은 더 이상 신사가 아니다. 말은 그 사람이기 때문이다.

연가(戀歌)를 부르며

비바람이 치던 바다 잔잔해져 오면
오늘 그대 오시려나 저 바다 건너서
그대만을 사랑하리 내 사랑 영원히 사랑하리.

10대의 풋풋한 여름, 타오르는 장작불가에서 부르던 그 노래를 다시 불러본다. 낮에 잠시 비가 내려 풀이 조금 젖어 있기도 했지만, 실은 어두운 풀숲 모기 달려드는 것이 더 무서워 계획했던 캠프파이어 순서를 실내로 옮기기로 했다. 우리는 10대 때와 지금의 격차를 몸으로 보여주고 있었다.

문인협회의 수필분과에서 계획했던 여름모임을 펜실베니아 포코노 마운틴의 '청솔 쉼터'라 이름한 곳에서 가지게 되었다. 100년은 넘어 보이는 잘생긴 아름드리 소나무들의 솔향기 속에서 1박 2일의 문학모임이 진행되었다.

서둘러 집에 갈 일 없는 오늘밤에는, 시간의 쫓김에서 해방되어 느긋한 마음으로 자신의 작품을 낭독하며, 다른 작가의 작품에 대해서도 서로 토론하는 시간이 이어졌다. 노자의 도덕경을 풀이까지 50여 페이지에 달하는 분량을 카피하여 각각 참석자들에게 나누어주는 어느 노(老)작가의 열정이 놀라웠으며, 그중에 '상선약수(上善若水)'의 진리를 다시 한 번 짚어보며 교훈을 얻는다. 최상의 선은 물과 같다. 물은 만물을 이롭게 하지만 다투지 않는다. 물은 모든 사람이 싫어하는 낮은 곳에 있기를 원한다. 그러므로 도에 가깝다.

아련한 옛 그리움에 젖어 노래가 나오고, 다투어 첫사랑의 비화(秘話)들도 꺼내놓는다. 우리는 수학여행 온 여학생들이 되어 밤 가는 줄 모르고 얘기꽃을 피웠다.

'오늘 그대 오시려나~ 저 바다 건너서'

이제는 기다릴 그대도 없고, 가슴은 세월의 더께에 눌려 천둥이 쳐도 꿈쩍 않게 돌처럼 단단하게 굳어졌지만, 그대 생각에 콩닥 콩닥 가슴이 뛰던 옛 시절이 아련히 생각나던 시간이었다. 각자 잠자리에 들어서도 우리 방엔 이야기가 끝없이 이어졌다. 언제 잠이 들었었는지 한 두어 시간쯤 잤나? '꼬끼오' 하는 수탉의 우렁찬 홰치는 소리에 잠이 깨었다. 늦게 든 단잠을 깨우긴 했으나, 오랜만에 들어보는 수탉의 새벽 홰 소리가 그저 반갑고 정겹기만 했다.

이슬에 젖은 싱그러운 텃밭엔 갖가지 채소가 다 자라고 있었다.

가지, 호박, 근대, 아욱, 열무와 풋 배추 등 없는 것이 없어보였다.

그곳 텃밭에서 직접 따서 먹은 깻잎, 상추는 아마 내가 먹을 수 있는 1년분의 양을 그곳에서 한꺼번에 다 먹지 않았나 싶다.

그곳을 나서는데 엊저녁 피우지 못한 모닥불 장작더미가 그대로 쌓여 있는 것이 보여 우리의 마음을 붙잡고 있다. 우리가 다녀간 흔적을 남겨 두고 가는 듯하여 사진을 찍어왔다.

아쉽지만, 이틀간의 일탈에도 우리 모두의 얼굴에서는 즐겁고 만족한 가벼운 미소가 번져난다.

가을걷이

밤새 서리가 내렸다.

서리를 하얗게 뒤집어쓴 정원의 잔디를 보니 곧 겨울이 닥칠 것 같다. 시골에서는 첫 서리가 내린다는 상강(霜降)을 전후해서 가을걷이가 시작된다. 들에 익은 곡식을 추수해 들이고 밭에 심은 푸성귀와 나무에 달린 과실열매들을 거두어들이기에 눈코 뜰 새 없이 바쁘게 돌아가는 것이 농촌의 가을이다. 기온이 뚝 떨어져 맹렬히 울어대던 벌레소리 사라지고, 찬바람이 낙엽을 떨구어 내리면, 도시에서도 겨울 지날 걱정에 마음부터 움츠러들곤 했다. 주부들은 쌀과 연탄을 넉넉히 들여놓고, 김장을 해놓아야 겨울 날 준비가 된 것 같아 마음이 놓이곤 했다.

세월은 많은 걸 바꾸어 놓았다.

모 심기부터 벼 베기까지 기계로 농사를 짓는 요즘은 추수하는 풍경도 옛날과 많이 달라졌다.

물 댄 논에 줄을 따라 사람들이 쭉 늘어서서 모내기를 하던 것과 나락 훑는 탈곡기가 내뿜는 요란한 소음과 먼지 속에서 곡식을 털던 모습은 요즘 쉽게 볼 수 없는 풍경이 되었다. 모심는 날과 벼 베는 날은 동네 잔칫날이었다. 풍성한 결실을 기대하며 모를 심고, 수고로이 흘린 땀방울이 열매가 되어 거두어들이는 일은 참으로 가슴 그득해지는 기쁨이 아닐 수 없었다. 그래서 그날 일꾼들뿐 아니라 마을 사람들에게도 막걸리 한 잔 기분 좋게 권하는 즐겁고 넉넉한 날이 되곤 하였다.

입동이 지나면 도시에서도 농촌의 가을걷이 격인 김장이 시작된다. 김장하는 날은 도시에서도 잔칫날 같았다. 지금은 가정에서 배추 한 접(100포기), 두 접 김장을 하는 집은 흔치 않을 것이다. 시장 어귀에 배추를 산더미처럼 쌓아놓고 접으로 파는 임시 김장시장이 자연스레 형성되고 주부들은 으레 며칠씩 배추 값을 탐색한 후에 사곤 했다.

100포기의 배추를 절이는 일은 내겐 제일 힘든 일이었다. 골고루 잘 절여지도록 밤에도 나와서 뒤집어 주어야 한다. 다음날 아침, 미리 부탁해 놓은 친구나 이웃 아낙들이 김장을 도우러 온다. 팔뚝까지 닿는 긴 고무장갑들을 끼고 배추를 씻는 작업부터 일이 시작된다. 철철 흐르는 물에 속이 노란 배추가 씻겨진다. 배추 절인 소금물에 총각무도 절여 씻어놓고, 어른 주먹만한 곱게 생긴 동치미 무도 씻어놓는다.

씻어서 쌓아놓은 배추에서 물이 빠지는 동안 아낙들은 마루로 자리를 옮겨서 배추 속에 넣을 양념거리를 만들기 시작한다. 작정하고 들고 온 수다가 본격적으로 시작되고 여인들의 즐거운 웃음소리에 집 천장이 들썩거린다.

썩 썩 무를 채쳐서 빛 고운 고춧가루로 물 들여놓고, 붉은 갓, 청각, 대파 등을 썰어 넣고 생새우와 젓갈도 다져 넣는다. 작은 쇠절구에 마늘과 생강을 찧어 넣는다. 일상의 소소한 이야기부터, 서로 시샘하듯 남편 흉보기에 숨겨놓은 은근한 남편사랑, 아이들 자랑, 어느 여배우의 스캔들까지 화제는 끊임없이 이어져, 김장 양념은 우리네 삶의 달고, 쓰고, 매운 애환까지 버무려 큰 고무함지로 둘이나 걸쭉하게 만들어진다.

김장날 풍성한 음식이 빠질 수 없다. 절인 배추속잎에다 돼지고기 삶은 고소한 수육 한 점과 버무려 놓은 양념을 곁들여 싸먹는 맛은 김장날 딱 어울리는 궁합이다. 또한 무, 배추 넣고 얼큰하게 끓인 동태찌개와 겉절이 김치로 점심을 먹고, 배추 속을 넣기 시작한다. 김장은 아직 해가 엷게 남았을 때 끝나고, 맛있게 따로 무친 겉절이를 한 접시씩 들고 나서는 여인들의 표정에서 피곤한 기색은 찾아볼 수 없다. 조카들 집에 보낼 것을 따로 담아두고, 남편이 어제 파묻어 놓은 항아리에 김치를 차곡차곡 채워 넣는다. 항아리 뚜껑 위에 거적을 씌워 단단히 마무리를 하고, 온통 양념투성이가 된 몸을 씻고 들어가 누우면, 피곤보다 오히려 푸근한 편안함이 몰려왔다.

이십 년도 훨씬 지났지만 그때 모습이 활동사진을 다시 꺼내 돌려 보듯이 선명하게 그려진다. 이제, 내겐 바쁜 이민생활 속에서 김장은 옛말이 되어버렸다. 한국마켓에는 사시사철 새로 담근 김치가 쌓여있어 아무 때나 사 먹을 수 있기 때문이기도 하지만, 시간 여유가 있는 도와줄 이웃도 찾기 쉽지 않아 엄두도 낼 수가 없는 것이다.

친구에게서 전화가 왔다. 가을걷이를 미루고 있다가 뒷마당 텃밭에 심은 고추와 늦은 열무가 간밤에 서리를 맞았다고 한다. 농사는 철을 따라 심고, 가꾸고, 거두어들이는 시기를 맞춰야 한다. 그 시기를 놓치면 늦되고, 마르고, 병들고, 얼어버린다.

사람의 삶이 농사를 닮은 것 같다. 나는 무엇을 놓치고 있는가? 해야 할 일이 미루어졌거나, 용기 없어 시도해 보지도 못하고 주저앉아 후회하는 일은 얼마나 많은가? 내 스스로 짓는 인생이라는 농사에서 나는 무엇을 거두어들이게 될까.

김장을 하지 않아서일까? 겨울을 앞에 둔 이맘 때가 되면 가을걷이를 미처 못 한 농부처럼 마음이 심산(心散)해진다. 마루 한가득 시끄럽던 여인들의 수다도 그립다.

돌아가는 길

어느 교우의 장례식장에 갔다. 식장 안에는 검은 정장차림의 문상객들이 가득했다. 맨 앞줄에 상주들이 숙연한 모습으로 앉아있고, 때로 그중에서 애써 슬픔을 참는 작은 흐느낌이 흘러나오기도 했다. 내가 미국에 와서 좋다고 느낀 것 중에 하나가 장례문화다. 나는 한국에서 살 때 몇 번의 상을 당해 상주가 되어 보았다.

어느 날, 모시고 살던 시어머님의 갑작스런 상을 당하고 얼마나 당황스럽고 힘들었는지 모른다. 어머님은 한 열흘, 뇌출혈로 쓰러져 의식 불명이 되셨다가 돌아가셨다. 아직 큰 일 치르는 일이 두렵기만 한 막내며느리로써, 무엇을 어찌해야 할지 허둥대는 나대신 교우들이 일을 처리하고 있었다. 어머니의 연세가 많으셨으므로, 저 작년에 시골에 사는 큰시숙이 고운 베를 가져와 형제들이 우리 집에 모여 어머니의 수의를 만들어 놓았다. 내 마음에는 아직도 아픈데 없이 정정하신데 수의를 미리 만들어 두는 것은 당사자에게 기분 언짢게 하는 일이 아닐까 하고 생각했었다. 영정 사진도 전 해에 새 한복을 해드리면서 찍어놓은 사진이 있어 그것을 확대할 수 있었다.

시골에서, 서울에서, 손위 시숙들과 집안 조카들이 들이닥쳤고, 우리 집 너른 마루에는 줄을 지어 앉은 상주들이 2~30명도 넘었다. 형제들의 별 반대없이 기독교식으로 장례가 진행되었고, 시골로 운구된 뒤로는 시댁마을에서 다시 유교식의 장례가 치러졌다. 자손들은 굵은 베옷에 머리엔 망건을 쓰고 지팡이를 짚고 울긋불긋 바람에 나부끼는 만장을 따라 "아이고, 아이고"의 마른 곡소리를 흘리며 따라갔다. 시아버님 모신 마을 앞 선산에 어머니의 묏자리는 이미 파져있었다. 고슬고슬한 황토에 흰 백토가 섞여있는 묏자리의 흙이 내 눈에 보기에도 아주 좋아 보여 마음이 좀 편해지는 것 같았다. 한 쪽에서는 큰 무쇠 솥에 육개장이 설설 끓고 있었다. 그 마을이 온통 민씨 집안이 사는 집성촌인지라 나는 촌수도 잘 모르는 여인들이 모두 나와 고추 밭머리 곁에 솥을 걸어놓고 음식을 만들었다. 여인들이 부지런히 김 나는 밥과 술, 그리고 뜨거운 국을 날랐지만 나는 한 술도 뜨지 못했다. 삼일 동안의 서투른 상주 노릇이 끝나고 나는 몸을 가눌 수 없을 만큼 지쳐 쓰러졌다. 급작스러운 어머님의 죽음으로 무거운 마음을 다잡기도 힘든데다, 사흘 동안 잠을 거의 못 자고 친척들과 문상 온 손님들의 식사 수발을 감당하기가 여간 신경이 쓰이는 일이 아니었다.

이틀 뒤 삼우제에 가서보니 어머니의 무덤은 잘 정리가 되어있었다. 그제야 어머님이 이제 여기 계시구나 느낄 수가 있었다. 어머니가 당신 속곳 주머니에서 꺼내주시던 사탕을 이젠 우리 아이들이 받아먹지 못하겠구나 생각하니, 바람결에 뒹구는 마른 낙엽처럼 마음이 허해졌다.

고인을 추모하는 목사님의 설교가 끝나고 자식들이 나와서 추모사를 했다. 긴 세월 고인이 주고 간 사랑을 추억하며, 남은 자가 고인에게 미처 다하지 못한 사랑을 안타까워했다. 그 추모사를 듣는 문상객들도 같이 울기도 하고 때로는 웃기도 했다. 어린 손주들이 나와서 고인을 추모할 때는 더욱 가슴 뭉클한 감정이 솟았다. 평소에 고인과 친했던 분의 조사도 이어졌다.

장례식장에 오면 마음이 숙연해지며 언젠가 반드시 올 나의 장례식 모습을 그려보게 된다. 나, 가거든 누가 무슨 조사를 하게 될까? 거기에 자식들도 넣어보고, 손주들도 넣어본다. 누구 에게 가슴 시린 고마움을 입혀 날 보내며 울 사람 있을까? 옷깃을 여미며 내 삶을 다시 돌아보지 않을 수 없게 된다. 그래서 성경엔 '혼인집에 가는 것보다 장례식에 가라'고 했나보다.

모든 순서가 다 끝나고 마지막으로 고인을 볼 수 있는 뷰잉(view-ing) 시간이다. 곱게 화장을 하고, 평소에 고인이 가장 좋아하던 옷을 입혀서 뉘어 놓은 모습을 보면 죽었다고 할 수 없을 만큼 잠자는 듯 편안한 모습이다. 나는 이 대목이 제일 마음에 든다. 생전에 고인을 알던 지인들에게나, 피를 나눈 사랑하는 가족들에게 마지막 모습을, 병들어 고생하다 피폐해진 얼굴을 보이게 되는 것은 누구나 원치 않을 테니 말이다. 될 수 있으면 아름답게 꾸미어 남은 자들에게 고인의 생전의 모습처럼 좋은 기억을 남게 하는 것은 좋은 것 같다.

사람은 누구나 죽는다. 아무도 그 죽음을 피할 수는 없다. 어느 철학자는 자신이 남겨놓은 해학적인 비문 앞에 선 사람들을 웃게 만들고 있다.

그러나 산 자들에게 심오한 철학을 남기는 그의 여유로움을 본다.

5.

아이들이 사는 세상

향기 같은 그녀

B,b는 우리 가게 손님이다.

미영은 한국사람으로, B,b가 투석 받으러 다니는 병원의 간호사라고 한다. B,b는 중한 병을 많이 앓았는지 여기 저기 수술흉터가 많다. 걸음걸이도 불편해 보이고, 손도 뒤틀려서 운전도 할 수가 없으며 무거운 것도 들지 못한다. 그는 자마이카에서 미국으로 이민 와 살면서 학교 건물을 관리하는 일을 오래했다고 한다.

그는 당뇨로 신장기능이 약해져서 일주일에 3번 투석을 받으러 병원에 간다고 한다. 그의 팔뚝엔 혈관주사바늘을 꽂았던 곳이 불툭불툭 튀어 올라 흉측한 모습이다. 투석하는 기계음이 웨-에-엥 하는 소리를 들으며 서너 시간을 누워있는 것이 아주 지겹단다. 우리 가게엔 일주일에 두어 번 들른다. 어떤 날은 몸 컨디션이 안 좋은지 많이 힘들어 한다. '오늘은 어떠냐'는 내 인사에 그는 우울

한 목소리로, "쏘, 쏘(그냥, 그래)"라고 하며 그의 굵게 쌍꺼풀 진 눈을 힘들게 뜬다.

내 어머니도 투석을 받느라 너무 힘들어 하셨기에 나는 그의 고통을 조금은 이해할 수 있을 것 같았다. 한국에서 아들내외와 사시던 내 어머니는 2년 정도 투석을 받으셨는데 나중에는 투석 받으러 안 가시겠다고 고집을 부리셔서 동생을 힘들게 했다.

하루는 동생에게서 전화가 왔다.

"누나! 엄마가 투석 못 받겠다고 저리 고집을 부리시니 어떻게 해?"라며 울먹였다.

나는 엄마에게 전화로 "엄마, 내가 다음 달에 엄마 보러 나갈 텐데, 병원에 가야 살지, 애비 속 썩이지 말고 어서 일어나요."라고 어린아이 달래듯이 어머니를 달래야 했다. 얼마나 힘들면 저러실까 마음이 아려왔지만 투석은 한번이라도 거를 수 없는 생사가 달린 문제이기에 더 안타까웠다.

나는 B,b에게 내 어머니 이야기를 하였더니, 그는 그 뒤로 내게 더 친근감을 느끼는 것 같았다. B,b는 어떤 날은 해가 반짝 나는 것처럼 기분이 아주 좋아 보였다. 그는 우리 가게에 오면 늘 코리안 걸, 미영 이야기를 한다. 그는 미영이 자신의 베이비시터라고 부른다.

"Me young, you old." 그는 우리 가게에 올 때마다 "미 영,

유 올드"를 여러 번 반복해서 말한다. 그녀의 이름이 '나는 젊었다.'이면, '너는 늙었다.'라는 말이냐며 아주 재미있어 한다. 오늘 그는 이발도 하고 수염도 말끔히 깎고서 우리 가게에 왔다. 베이비시터에게 가는 날이란다. 그는 미영 이야기를 할 때는 얼굴에 생기가 돈다. 그는 그녀와 나누었던 농담을 들려주기도 한다. 투석을 받는 동안 그녀에게 저녁을 달라고 했더니, "뱀 구이를 줄까? 개구리 요리를 줄까?"라고 대답 하더라며 아주 즐거워한다. 마치 그 모습이 예쁜 선생님에게 관심 받고 좋아하는 어린 소년 같아 보였다. 투석을 받는 동안 그녀와 얘기를 많이 하냐고 묻는 내 물음에, "노, 쉬 얼웨이스 런, 런, 런.(No, She always run, run, run)"라고 한다.

그녀는 언제나 뛰어 다닌단다. 그녀에게는 많은 환자가 있어 자기에게 오래 머물지 못한단다. 그러나 그녀는 10분도 안 돼 다시 자신의 상태를 살피러 돌아온다고 한다. 그 병원에 간호사가 여럿이 있지만 자신은 미영을 너무 좋아한단다. 그런데 그곳에 오는 모든 환자들도 다 그녀를 좋아한다고 한다. 그는 우리 가게에 한 번 오면 오래 이야기를 하길 원한다. 나는 점심을 먹다 나와서도 그만 가라는 눈치를 줄 수가 없다. 혹여 힘든 시간을 보내고 있는 그의 마음을 다치게 할까 보아 조심스럽다.

미영이라는 그 간호사를 생각해 본다. B,b의 말로는 그녀는

27~28세 정도이고 맨하튼의 다운타운에 산다고 했다 한다. 아직 나이도 어린데 환자들이 그녀를 좋아하는 것은 그녀에게서 풍겨나는 친절하고 자상한 사랑의 향기 때문일 것이라고 생각해본다. 내 어머니처럼, 때로는 삶을 그냥 내려놓고 싶을 만큼 괴로운 고통을 감내해야 하는 환자들에게 다시 삶으로 가고자 하는 마음이 들게 하는 그녀가 고맙고 존경스럽다. 그녀가 한국인인 것도 자랑스럽다. B,b는 미국 TV나 신문에서 한국에 관한 뉴스라도 나오면, 급하게 내게로 이야기를 가져오곤 한다.

조물주가 지은 이 세상은 아름답지만, 살아내야 하는 인생살이는 쉽지 않다. 가끔 TV에서 '동물의 왕국' 다큐멘터리 프로그램을 보고 있으면, 풀을 뜯는 어린 사슴을 노리고 수풀 속에 몸을 숨긴 하이에나의 눈 속에서 생존의 고독하고 외로운 눈빛을 본다. 그것은, 먹이를 찾아 이 거친 세상을 사는 인간의 절박하고 고단한 삶의 모습과 닮아 보여 연민을 느낄 때가 있다.

번쩍이는 문명의 화려함 속엔 외로움의 두께가 더 두껍게 공존한다. 희로애락(喜怒哀樂)의 곡진한 인생길에서 기쁘고 즐거운 일들로 행복할 때도 있지만, 지쳐 더 나아갈 수 없는 고비 고비의 험로를 지나게 될 때도 있다. 그때마다 서로 등 받쳐주고 기대며 사람(人)은 혼자가 아니고 같이 가는 것임을 배우게 된다.

미영처럼 누군가에게 삶의 의욕을 주며, 다가가고픈 향기가 되는 것은 얼마나 귀한 일인가? 거기다 그녀는 발랄한 20대의 처녀라니 그녀는 모든 것을 다 갖춘 꽃이 아니던가? 나는 그녀가 궁금하다. 수줍은 향기를 품은 봄꽃처럼 그녀는 아름다울 것이다. 언젠가 그녀를 만나서 그 향기에 대해 묻고 싶다.

폭풍의 언덕에서

미동북부에 위치한 와잇마운틴은 뉴햄프셔주와 메인주에 걸쳐 있다.

87개의 봉우리와 9개의 협곡으로 4천 피트가 넘는 고봉만도 48개나 된다. 일 년 내내 거의 흰 눈이 덮여있다 하여 와잇마운틴이라고 불리는 것 같았다. 우리는 그중에 최고봉인 Mt.워싱톤(6천 피트: 1917m)에 올랐다. 이 산은 미동부에서 가장 높은 산으로, 우리나라 제주도의 한라산 높이(1,950m)와 비슷하다.

정상에는 평평한 구릉으로, 바위로 된 봉우리를 잘게 쪼아 놓은 듯한 돌들로 덮여 있었다. 거센 바람이 검은 구름을 휘돌려 치며 금방이라도 눈 폭풍을 몰아올 기세로, 서서 사진을 찍기조차 힘들게 했다. 설핏, 두려운 마음까지 들며 사람들이 몰려들어가는 오두막으로 피하지 않을 수 없었다. 나무도 없고 거친 황야 같은 돌무더기 위에 옛날 호텔로 쓰였다는 곧 쓰러질 것 같은 낡은 건물이 덩그마니 하나 있었다. 부엌에는 그 당시 쓰던 두꺼운 검은 쇠로 된 냄비와 주전자, 프라이팬 등이 그대로 있었으며 부엌과 거실에 아름다운 문양이 있는 큰 무쇠난로가 아직도 튼튼해 보였다. 그 옛날 이곳에 올라온 사람들이 이 작은 집에서 바람을 피하고 쇠 난로의 열기로 몸을 녹일 수 있었다고 한다.

아직은 8월로 여름휴가 여행을 왔는데, 산 아래와 산 위의 기후가 너무나 다름에 놀랐다. 9월 하순에 갔을 때 눈이 하얗게 덮였더라는 지인의 말을 듣고 두꺼운 잠바를 가져갔으니 망정이지 얼어 죽을 뻔했다. 모든 걸 삼켜버릴 것 같은 바람이 괴기스러운 소리를 내며 머리 위의 구름을 찢어 흩는다. 회색의 음산한 기운이 무수한 돌들 위에 내려 앉고 있다. 꼭 이런 분위기였을 것 같은 에밀리 브론테의 소설「폭풍의 언덕」에 서 있는 것 같다.

마음 착한 주인 언쇼 씨가 길거리의 불쌍한 고아, 히스클리프를 데려온다. 친자식처럼 돌보아 주던 주인 언쇼씨가 죽은 후, 주인의 아들 힌들리는 여동생 캐서린과 가까이 지내는 히스클리프를 학대한다. 아름다운 캐서린은 어릴 때부터 히스클리프를 친형제처럼 대해주며 서로 사랑을 키운다. 그러나 그녀는 고아로 들어와 이제는 노예처럼 사는 히스클리프가 아닌, 스러시크로스 저택의 에드거 린튼과 결혼한다. 히스클리프는 배신의 상처를 안고 종적을 감춘다.

몇 년 후, 그는 상당한 돈을 모아가지고 폭풍의 언덕인 워더링 하이츠로 돌아온다.

황량한 언덕의 바람 속에서 익었던 그의 목숨 같은 사랑을 되찾기 위해, 또한 힌들리에 대한 원한의 복수를 하기 위해 돌아오는 히스클리프의 얼굴은 악마처럼 무섭게 일그러져 있었다. 결국 그는 힌들리를 쓰러뜨리고 잔인하게 그의 모든 것을 빼앗는다. 그리고 그의 마지막은 캐서린이 묻힌 무덤을 파헤쳐 그 옆에 나란히 눕는 것이었다. 멈추지 못한 애증의 끝은 아무것도 가질 수 없는 죽음이었다.

오늘 난, 「폭풍의 언덕」 소설 속에 와 있는 것 같다. 이곳의 거센 바람을 보며 히스클리프의 분노의 절규가 들리는 것 같다. 애잔함이 남는다.

특수하게 만든 레일을 한 걸음씩 콕콕 찍으면서 올라왔던 기차가 사람들을 다시 태우고 내려가는 것이 보인다. 노란 앞머리에 파란색 객실 한 량만을 단, 아이들 장난감 같은 기차가 황량한 돌구릉을 내려간다. 가드레일 하나 없는 돌산을 차로 내려오는 길은 올라올 때보다 더 위험했다. 고도가 높을수록 나무들의 키가 작았다. 돌무더기 곁에 하늘로 향해 뻗은 키 작은 전나무들의 무리가 아름답다. 산 아래로 내려갈수록 산은 풍성해지고 높게 뻗은 나무들이 좁은 길을 더 어둡게 하고 있었다.

내가 본 미동부 쪽에 있는 산들은 모두 두루뭉술한 산이었다. 내 고국의 북한산이나 금강산처럼 산 정상에 뾰족 뾰족한 바위가 치솟아 오른 산세를 보질 못했다.

이곳의 겹겹이 둘러쳐진 산들도 웅장한 산의 위용을 기대했던 내 바람에는 미치지 못해 아쉬웠다. 그러나 지상에서 2천m 위의 세계는 사람의 범접이 용이 하지 않은 영역인 것을 보며 한없이 작은 인간을 본다. 사람이 설 수 있는 곳, 겨우 2천m 아래가 아닌가.

히스클리프여!
차라리 하늘에 있으라,
재물이나, 신분의 레벨로 차별하지 못하는
그곳에서 내 사랑도 아름다웠노라고 외치라!

측은한 마음이 돌무더기 휘돌려 치는 바람과 섞인다.

아우라지 강변의 추억

우리 집에서 가까운 곳에 강변 산책로가 있다. 나는 가끔 뭐든 읽을거리 하나를 가지고 그곳에 간다. 뉴욕시와 뉴저지를 잘라놓은, 높이가 한 70~80여 미터가 될 법한 절벽에는 온통 나무들로 숲을 이루고 있다. 그 강변길엔 제법 철썩이며 부딪치는 파도소리도 들리고, 가끔 뻘 속에서 도망도 못 가는 멍청한 게도 보게 된다.

불어주는 강바람은 며칠 희미하던 내 머릿속을 말끔히 씻어내고 지나갔다. 우거진 풀 숲 사이로 빨갛게 익은 야생 딸기가 한창이다. 어제 내린 비로, 씻을 필요도 없는 깨끗한 딸기를 한 움큼 따 먹었다.

머리 위에서 내리비추는 햇빛을 받아 강물 위엔 수억 개의 금빛 별들이 쏟아져 내린 듯 반짝이고 있다. 하얀 보트 하나가 그 별빛 속을 가르며 질주한다.

산책로를 돌아 나와 강물을 마주한 벤치에 앉았다. 좀 이른 시간이어서인지 공원엔 사람이 거의 눈에 띄지 않는다. 이 큰 공원에 오리들과 내가 주인이다. 거대한 은빛 브릿지가 강 양쪽에 세운 철탑을 사이에 두고 공중에 떠 있다. 그 위로 갖가지 차들이 천천히 지나가고 있다. 여기서 보이는 그 차들은 마치, 토이 스토어에 진열돼 있는 장난감 차들처럼 작게 보인다. 집채만 하던 컨테이너 트럭들도, 손가락으로 번쩍 집어 내 앞에 있는 테이블 위에 내려놓을 수 있을 것만 같다.

건너편 강가에서 뿌-우 소리를 앞세우고 객실 대여섯 량을 단, 하얀색 날씬한 몸매의 기차가 지나가는 것이 보인다. 여기에서 보니, 그것도 장난감 기차처럼 앙증맞고 귀여워 보인다. 기차는 다시 뿌-우 소리를 남기고 미끄러지듯 터널 속으로 사라져간다. 그 기차를 보고 있으려니. 학생 시절 교회에서 여름수양회를 가던 기억이 떠오른다.

청량리에서 기차를 타고, 강원도 정선의 여량역에 도착한 건 늦은 밤이었다. 지금은 얼마 안 걸릴 테지만, 그 당시에는 정선역에서 내려서 여량으로 들어가는 기차를 한 30여 분 기다렸다가 갈아탔던 것으로 기억된다. 선잠을 깬 우리는 지도교사의 지시에 따라 주섬주섬 짐을 들고 기차에서 내렸다. 어둠 속에서, 한적한 시골역을 걸어 나오던 때가 기억 속에 아련하다. 그때 우리가 탔던 기차는 강원도의 석탄가루를 뒤집어 쓴 것처럼 시커멓고 투박했으나, 터널 앞에 서면 굵고 우렁찬 목소리로 길게 기적을 울려 주곤 했다.

강원도의 정선군에 속해있는 여량리에는 '아우라지강'이라는 긴 강이 있다. 평창에서 발원(發源)하여 구절 쪽의 송천(松川)과 삼척에서 발원하여 흐르는 임계 쪽의 골지천이 합류하여 어우러진다 하여 아우라지강이라는 이름을 가졌다 한다.

뗏목으로 목재를 운반하던 뗏목 시발점이기도 한 이곳은 뗏목 행상을 위해 객지로 떠난 님을 애닯게 기다리는 여인의 마음을 노래한 '정선 아리랑'의 진원지라고 한다.

애달픈 사연을 안고 흐르는 강물은 명경(明鏡)처럼 맑았다. 우리가 물놀이 하던 아우라지 강의 풀섶을 날던 보라색 실잠자리가 내 기억 속을 날고 있다. 그 강에는 은빛 비늘을 반짝이며 튀어 오르던 그리 크지 않은 물고기들이 아주 많았다. 투망을 던졌다가 들어 올리면 금방 빨간 고무함지에 물고기가 반이나 찼다. 그곳 교회 어른들이 우리가 잡은 물고기와 집에서 기르던 토종닭 몇 마리를 넣고 끓여주던 매운탕은 얼마나 맛있던지 지금도 그곳에 물고기가 많이 있을지 궁금하다.

옥수수 가루로 만든다는 올챙이묵도 그곳에서 처음 먹어봤다. 굵은 칼국수 같은 모양이었다고 기억된다. 밭에서 금방 캐다 놓은 감자를 캠프 화이어하는 장작불 밑에 조금 사위어진 숯불에 구우면 까맣게 탄 껍질 속에 파근파근한 하얀 속살이 또한 별미였다. 우리는 큰 바구니를 들고 옥수수 밭으로 가서 옥수수나무에 총대처럼 꽂혀있는 싱싱한 옥수수도 땄다. 입에 쩍 쩍 달라붙는 차진 강원도 찰옥수수는 쫀득쫀득하고 구수한 맛이 다른 옥수수와 다른 걸 느꼈다. 이곳 한국 마켓에도 냉동 찰옥수수가 있긴 하지만 사다가 쪄보면 그 맛이 안 난다. 아무래도 오래 냉동된 상태로 있었기 때문에 나무에서 금방 따서 쪄 먹는 맛과 같을 수는 없으리라. 나이 탓일까? 그곳에서 봉사활동도 더러 했는데 먹는 생각만 새록새록 떠오르니 세월이 흐르긴 많이 흘렀나 보다.

강 물길을 막은 징검다리에 부딪쳐 내리던 하얀 물보라와 함께 넓은 옥수수밭 곁에 누런 소가 졸고 있던 한가로운 그 산골마을의 정경이 저 강물 위에 펼쳐진다. 그곳에 다시 가보고 싶다.

방금 파킹장에 들어온 차에서 서너 명의 아이들이 쏟아져 나온다. 웃통을 벗어젖힌 아빠인 듯한 남자와 함께. 조용하던 공원은 이제 아이들 차지가 되었다. 그늘졌던 내 자리도 햇빛이 들어와 나를 밀어내고 있다.

손녀의 한글공부

에쉴리는 뉴저지 버겐카운티에 있는 필그림 한글학교에 다닌다.

나는 그 아이가 초등학교에 들어가면서부터 한글학교에 보낼 것을 딸에게 적극 권했다.

처음에 에쉴리는 많이 힘들어했다. 그의 한국이름인 '김해린'을 쓰는데, 글씨가 모두 날라 가서 하늘에 둥둥 떠다니는 것 같았다. 그래도 잘 가져다 맞추어 읽으면 '김해린'이라고 맞추어졌다. 열심히 가르쳐 주신 선생님 덕분에 1년이 지나자 떠듬떠듬 쉬운 한글은 읽게 되었다.

우리 집에 오기만 하면 글씨를 써보게도 하고, 읽어 보게도 하여 한글 실력을 테스트 해보지만 아직도 어려운지 틀리면 부끄러워 고만하겠다고 달아난다. 그래도 잘한 것만 골라 오버(over) 칭찬을 해주면 다시 신이 나서 끝말잇기를 하자고 내게 쫓아온다.

한글 끝말잇기는 학교에서 게임처럼 선생님과 아이들이 돌아가며 자주하는 공부놀이라고 한다. 그는 친할머니, 할아버지와 한 집에 살기 때문에 보통 쓰는 한국말은 많이 알아듣는 편이다. 그래서인지, 저희 반에서 끝말잇기를 하면 가끔 맨 나중까지 살아남아 스티커도 받고 공책도 받고 했다고 한다. 그 재미로 우리 집에 오면 늘 내게 끝말잇기연습을 하자고 한다.

어느 날, 아들네, 딸네 식구들이 모두 우리 집에 모인 날이었다. 에쉴리는 신발을 벗자마자, "할머니! 나, 일등 했어! 나, 한글학교에서 일등 했다고!" 하며, 숨이 턱에 닿는다.

"그래? 한글학교에서 무슨 대회 있었어?" 묻는 내 말에, "아~니, 지네 반에서 매달 보는 테스트." 하며, 딸이 놀라는 나를 진정시키려 끼어든다.

"받아쓰기 시험 봤는데 2개 틀려서 내가 일등 했어!" 에쉴리는 여전히 흥분한 목소리로 자랑했다.

"아니, 어떻게 우리 에쉴리가 일등을 했니?"

"에쉴리한테 물어봐!" 딸이 얼굴 가득 묘한 웃음을 담고 턱으로 아이를 가르친다.

"으~응, 그날 맨날 일등 하는 애가 안 와서 내가 일등했어. 그 애 때문에 난 맨날 2등이었거든."

아이의 말을 들으며, 나는 웃느라고 뒤로 넘어갈 뻔했다.

에쉴리는 나처럼 책을 좋아한다.

북 다이어리를 손수 만들어 매번 읽은 책에 대해 기록한다. 아직, 영어로 된 책만을 재미있게 읽는데, 앞으로 한글로 된 동화책도 읽고, 우리의 동시(童詩)도 감상하며 이해할 수 있을 만큼 낱말 하나하나의 뜻도 알게 되었으면 좋겠다.

한글학교에서 한국학교로 교육의 범위가 넓어지게 된 것을 다행으로 생각한다. 한글과 더불어 우리의 역사와 문화도 단편적으로나마 우리 아이들에게 교육해서 그들의 가슴에 그들의 뿌리인 대한민국의 얼이 심겨지게 되길 바란다.

나라 없이 이천 년을 떠돌던 유태인들은 숱한 고난 속에 살았지만, 교육으로 희망의 끈을 놓지 않았기에, 그들의 독자적인 언어와 문화가 이어져 내려올 수 있게 되었으며 지구상의 민족 중에 가장 힘 있고 결속력 있는 민족이 되었다.

이곳에서 태어나 전혀 한국을 모르는 우리 2세, 3세에게 코리언 어메리칸으로서의 정체성을 심어 줄 한글교육은 무엇보다 중요하다고 생각된다.

에쉴리가 나와 자게 되는 날은 우린 침대에 누워 성경 이야기나, 재미있게 읽은 책 이야기, 혹은 그동안 있었던 일 중에서 이야기 하나씩을 해주곤 한다. 우린 서로 이야기 하나씩을 나누었고, 자는 기도도 끝내고 불을 껐는데도 에쉴리는 끝말잇기를 다시 시작한다.

'고구마- 마차- 차고- 고릴라- 으~음…' 하고 아이가 다음 말을 잇지 못하면, 자는 줄 알았던 할아버지가 '라면' 하고 거들어준다. 나는 다시, '면봉' 아이는 '봉'으로 시작하는 낱말을 찾지 못하고, "할머니, win(이겼어)!" 하며 돌아누워 잠이 든다.

나는 에쉴리가 할머니를 이길 날을 기대해 본다.

사람꽃

딸과 아들이 일찍 결혼하여 나는 벌써 다섯 손주의 할머니가 되었다.

Ashiley(해린), Cloie(채린), Samuel(준우) 2녀 1남이 딸의 아이들이고, Daniel(준서), Alex(준혁), 2남이 아들의 아이들이다.

자식들과 멀지 않은 동네에 사는 관계로 나는 손주들이 자라나는 모습을 곁에서 지켜볼 기회가 많았다. 내 아이들을 낳고 키울 때는 어땠었나 벌써 기억이 희미하다. 이제 다시 손주들로 인하여 새로운 즐거움을 누리고 있다.

예부터 꽃 중에 제일 예쁜 꽃은 사람(人)꽃이라 했다. 아이들의 천진한 모습을 보며, 너무 많이 알아 무거운 어른들이 부끄럽다는 생각이 들 때가 있다. 나는 때때로 동심의 기발한 상상에 놀라기도 하고 동화(童話)의 일부가 되어 같이 웃고 뛰는 아이가 되어보기도 한다.

나의 첫 손녀인 해린은 내 글에 많은 소재를 주었고, 둘째 외손녀 채린은 이제 7살이지만 앞으로 체조선수를 꿈꾸며 매일 다리를 180도 찢는 연습에 열중이다. 외손자 준우가 3살쯤이었나? 친할아버지가 병환으로 누워계시자 손주들이 돌아가며 할아버지의 쾌차를 위해 기도를 하는데, 누나들에게 질세라 저도 소리 높여 기도를 했다한다.

"우리 할아버지 빨리 낫게 해주시고, 우리 할머니, 외할아버지, 외할머니, 엄마, 아빠. 큰누나, 작은누나, 삼촌, 숙모…" 너무 많아 숨이 찬 준우는 갑자기 고개를 들어 위를 쳐다보더니 "알았어!" 하더라 해서 한바탕 웃었다. 하나님은 버릇없는 어린아이의 기도도 들으셨는지 할아버지는 곧 자리를 털고 일어나셨다 한다.

친손자 준서는 어릴 때부터 차를 좋아해서 그의 손엔 늘 조그만 장난감 차가 쥐어져 있었다. 여러 종류의 차 장난감이 있었지만 아침마다 '삐~익 삐~익' 요란한 소리를 내며 집집마다 내어놓은 쓰레기를 집어 삼키는 청소차를 신기해하며 내다보곤 했었다. 20개월이 된 막내 준혁이는 온 집안의 사랑을 독차지하며 단풍잎 같은 조그만 손으로 식구들을 끌고 다닌다. 어려서 귀엽다는 것밖에 가진 것이 없는 아이에게 우린 모두 맥을 못 춘다.

아이는 티끌 하나 없는 하얀 백지이다. 어른들이 뿌리는 물감을 그대로 빨아들이는 스펀지 같다. 아이의 순수함에 어른들의 지나친 욕심을 덧붙여 그림이 망가지지 않도록, 늘 진실한 붓끝으로 채색되어야 할 것이다. 예수는 어린아이를 가리켜 "천국이 이런 자의 것이라"고 했고, 영국의 시인인 찰스 스윈번은 "어린이가 없는 곳에는 천국이 없다"라고 했다.

내게 쌓아놓은 재물은 없어도 내 품에 안긴 아이들과 웃노라면 '이만하면 됐지, 더 바라면 욕심이지' 싶다.

아이들이 사는 세상

준서

화장실 토일렛에 앉은 준서는 엄마는 나가 있으랜다. 이제 4살짜리가 냄새 나는 것이 부끄러운 줄은 아나 보다. 볼일을 마친 아이가 엄마를 부른다. 엄마가 아이의 뒤를 닦아주며, "똥 많이 쌌어?" 하고 묻는다. "난, 이슬만 먹어서 똥 안 나와." 준서의 대답이다.

"나도 이슬만 먹어서 똥 안 나오는데."

엄마도 따라 말했다. 준서는 "에이, 그런 게 어디있어."라고 하며, 깔깔거리면서 뛰어나간다.

삐치다

오늘은 준서의 5번째 생일을 축하하는 파티가 있었다.

학교친구, 사촌들, 이웃 또래친구들이 모여 한참 북적거렸다. 파티가 끝나 아이들이 돌아가고 준서는 남아있는 사촌들과 놀이를 하며 놀았다. 준서는 아직 동생이 없어 잘 삐친다. 아이의 부모인 아들과 며느리는 준서가 삐치면 달려가서 그의 요구를 다 들어주며 달랜다.

오늘도 준서는 놀다가 제 마음대로 안 되자 삐쳐서 한 쪽에 앉아있다. 나는 그 전부터 아이가 삐치면 스스로 돌아올 때까지 관심을 가지지 말고 모른 척하라고 아들내외에게 말하곤 했다. 그래서인지 오늘은 삐친 아이를 그냥 내버려 두고 있다. 놀고 있는 사촌 아이들은 삐쳐서 나가 앉아있는 아이를 쳐다보지 않고 재미있게 저희들끼리 놀고 있었다. 아이들이 재미있는 게임놀이를 시작했다. 한쪽에 앉아있던 준서는 게임이 시작되자 얼른 그 게임 속으로 달려들었다. 한 텀이 끝나자 준서는 다시 한 쪽에 자신이 앉았던 자리에 돌아가 삐친 자세로 앉는다. 놀이가 시작되면 다시 뛰어가서 게임을 하다 또 앉아있던 자리로 가서 앉는다. 아이는 놀건 다 놀면서 삐친 자신을 달래라고 버티고 있다. 그 모습을 지켜보던 어른들이 돌아서서 킥킥 웃음을 참는다.

역시 아이는 아이다. 자신을 숨길 줄 모르는 얼마나 천진한 모습인가?

다른 아이가 나보다 우월한 것 인정하고, 내가 먼저 하고 싶고, 좋은 것, 재미있는 것, 혼자 다 가질 수 없는 이유를 알게 되리라. 그렇게 사회의 룰을 배우며 큰다.

쓰나미 먹다

준서가 엄마와 바다 그림을 보고 있었다.

엄마는 바다에 사는 물고기들과 바다 새들, 그리고 바닷가에 사는 것들, 모래, 파도 그림들을 보며 이야기 해 주었다. 바다 속에서 지진이 일어나 큰 파도가 밀려와서 일본에 쓰나미로 많은 사람이 죽었다는 얘기도 들려주었다. 준서가 눈을 동그랗게 뜨고 엄마에게 말했다.

"엄마! 내가 쓰나미를 다 먹어버려야겠다."

"뭐? 준서가 다 먹을 수 있어?"

"내가 나쁜 쓰나미 다 잡아 먹을 거야!"

내가 쓰나미를 다 잡아 먹으면 쓰나미가 다시는 못 나타나겠지?

산성비

며느리가 볼일이 있어 내게 손자를 맡겼다.

"할머니! 이거 산성비야?"

"뭐라고?"

나는 무슨 말을 하는 건지 몰라 다시 묻는다.

"이거, 산성비냐고-오."

아이가 창밖을 가르치며 다시 소리친다.

그러고 보니 창문에 비가 들이치고 있었다. 이제야, 아이가 무슨 말을 하는 건지 알 것 같다.

"할머니! 비 맞으면 오염 돼서 죽는 거야?"

난, 잠시 머릿속이 멍-해진다. 아니, 4살짜리가 어떻게 이런 말을…. 아이는 아마도, 엄마가 읽어준 그림책에 나오는 이야기를 기억하고 있는 듯하다.

아이들은 스펀지(sponge)처럼 뭐든지 그대로 받아들인다. 그래서 더 조심스럽다. 무심코 내뱉는 말이나 행동들을 아이들 앞에서는 가려서 해야 할 일이다.

아이들은 늘 동화 속에 산다. 놀 때도, 잠 잘 때의 꿈속에도, 까르르 웃는 웃음 속에도, 아이들은 동화 같은 이야기를 만든다.

아이는, 잎새 위에 맺힌 이슬나라를 들여다본다. 반짝이며 파르르 떠는 유리커튼을 열고 들어간다. "와-우!, 동화책 속에서 보았던 나라다!"

"뾰족탑 궁전 어디에 공주가 있을까?"

"그런데 이슬만 먹었더니 배가 고프다. 나가서 밥을 먹고 다시 들어와야겠다."

시공간(時空間)을 거침없이 넘나드는 아이들 세상. 그래, 그렇게 꿈을 꾸어라.

두 살 에이미

에이미는 쌤(준우)의 아빠친구 딸이다. 둘은 같은 2살이다. 오늘 쌤의 큰누나인 에쉴리의 7번째 생일이다. 에쉴리의 친구들과 부모, 또 가까운 친척들과 이웃들이 에쉴리 집에 모였다. 아이들끼리, 어른끼리, 방마다 음식을 먹으며 웃음소리로 왁자지껄하다.

아이들은 여기저기 장난감을 늘어놓고 서로 차지하려 싸우고, 울고, 야단이다. 에쉴리가 친구들과 함께 아이스크림을 들고 우르르 밖으로 몰려 나갔다.

에이미는 사탕을 못 먹게 하는 엄마 눈을 피해 쌤의 할아버지 방으로 가서 할아버지에게 사탕껍질을 까달라고 부탁한다. 사탕을 입에 문 에이미는 쌤의 손을 잡아끈다. 이층으로 가서 놀 생각인가 보다. 아이들이 계단에서 떨어질세라 할머니가 급히 뒤쫓았다. 먼저 계단에 올라 선 에이미는 뒤따르던 쌤이 계단에 올라서자마자 아기보호용 휀스의 걸개를 탁 눌러 닫아버린다. 할머니를 휀스 밖으로 따돌리고 다정하게 손을 잡고 계단을 오르고 있는 두 남녀(?)아기들. 기저귀 찬 궁둥이를 바라보며 벌어진 입을 다물지 못하는 할머니. 미국에는 아기들도 다르구나.

Dear fairy(요정에게)

해린이는 어제 흔들리는 이빨 하나를 뽑으러 치과에 갔습니다.

처음 뽑는 이빨이라 조금 무섭고 떨렸지만, 벌써 이가 두 개나 빠진 친구들 얼굴을 생각하고 꾹 참기로 했습니다. 의사 선생님이 입 속을 들여다보며 재미있게 이야기를 하는 동안, 어느새 이빨이 뽑혀졌습니다. 선생님은 그 작은 이빨을 조그만 핑크색 곽에 담아 주었습니다.

작고 귀여운 자신의 이빨을 보며, 자기도 다른 친구들처럼 이빨이 빠진 것이 자랑스러웠습니다. 학교에 들어갈 수 있는 자격시험을 통과한 것 같아 가슴이 뿌듯했습니다.

해린이는 뽑은 이빨을 보여주러 외할머니 집에 왔습니다. 할머니는, 할머니가 어렸을 때 흔들리는 이빨을 할머니의 엄마가 실에 걸어 확 낚아채 뽑곤 하던 것을 손녀에게 들려주었습니다. 그리고 뽑은 이빨을 지붕에 던지며, "헌 이 줄게 새 이 다오."라고, 빌던 얘기도 해주었습니다.

베개 밑에 뽑은 이빨을 넣어놓고 자면, 밤에 요정이 와서 그 이빨을 가져가고, 대신 선물을 놓고 간다는 미국 아이들의 풍속대로 해린이는 이빨이 든 핑크색 곽을 베개 밑에 넣었습니다. 그러나 해린이는 다시 일어나 그 곽을 도로 꺼내 놓았습니다. 출장 가 있는 외삼촌이 돌아오면 보여주고 싶었습니다. 오늘 밤에 요정이 와서 이빨을 가져가면 어떡하느냐고 울먹이는 손녀에게, 할머니는 요정에게 편지를 써놓고 자자고 말했습니다.

Dear fairy(요정에게)
Please, don`t take my tooth.(내 이빨을 가져가지 마세요.)
Until, my uncle comes home.(삼촌이 집에 돌아올 때까지요.)

간밤에 뽑은 이빨을 잃어버리는 꿈을 꾸고 일어난 해린이는 써 놓은 편지 옆에 그대로 있는 핑크색 곽을 열어 보고 환하게 웃었습니다.

"할머니! 이빨이 그냥 있어!" 하며 소리쳤습니다.

"그럼! 요정이 너의 편지를 보고 그냥 갔겠지!"라고 대답하는 할머니도 손녀를 따라 크게 웃었습니다.

법 천지, 미국

오랜 군주주의 시대를 살아온 우리 민족은 백성에게 인권이라는 것은 없는 것이나 마찬가지였었다. 그러다가 근세에 들어 민주주의라는 것이 들어와 백성이 주인이 되는 세상이 열린 것이다. 옛날 관리 앞에 파리 목숨 같던 민초들은 이제, 그 관리들을 재단(裁斷), 징치(懲治)할 수 있는 최소한의 권리를 갖게 된 것이다. 민주주의 역사가 짧은 때문일까? 자유라는 말의 개념이 아직도 제대로 정착되지 못한 듯한 불안한 고국을 본다.

미국이 자유와 기회의 나라라는 말은 맞지만, 자유라는 말은 법이 정해진 테두리 안에서만 누릴 수 있는 것일 뿐 그 이상 일 수는 없다는 것을 이곳에 살면서 느끼게 된다. 그 어느 곳도 법 밖에 있는 곳이 없었다.

도로변에 가까이 자라는 큰나무는 내 집 정원에서 자라더라도 함부로 자를 수 없다. 모르는 사람이 집 주위를 기웃거리게 되면 신고를 해서 체포될 수 있으며, 늦은 저녁에 시끄럽게 떠드는 것도 신고를 당할 수 있다. 풀 한 포기도 마음대로 뜯을 수 없고, 나무에 달린 어떤 열매도 따서 가져갈 수 없으며, 가을이면 지천에 떨어져 있는 도토리 한 톨도 주워갈 수 없다한다. 그래도 이런 규정을 모르거나, 간 큰 사람들은 나물을 뜯기도 하고, 열매를 따가기도 한다. 경찰이 일일이 다 따라다닐 수는 없겠으나, 그것을 본 시민들이 신고를 해서 걸리는 일이 많다고 한다. 봄이면 어디든 수북이 자라는 쑥이나, 고사리 같은 나물을 뜯어도 벌금이 엄청나다고 한다.

미국대륙의 가장 서쪽에 위치한 뉴저지 해안에는 비치(beach)가 많다. 모래사장은 마치, 처음 연 해수욕장처럼 언제나 깨끗하다. 가게도 없고 음식을 팔러 다니는 사람도 없다. 밥을 해 먹을 수도 없다. 음식은 싸가지고 와서 먹고 쓰레기는 그대로 가져가야 한다. 고국의 해수욕장에서 모래 속에 묻힌 수박 껍질이나, 옥수숫대, 빈병조각 등, 여러 가지 쓰레기들로 불결하던 것과 대조를 이룬다. 하지만, 피서철, 고국의 해수욕장마다 삶은 옥수수나 복숭아 등 먹을거리들을 들고 다니며 파는 장사꾼들 덕에 모래밭에 가만히 앉아서도 군것질을 할 수 있던 재미는 없다. 철저한 법의 규제가 나 같은 이민자들에게는 너무 이질적으로 느껴지나, 여기 미국 사람들에게는 아무 불편이 안 되는 듯 철저히 따르고 있는 것을 보았다.

내가 미국에 처음 왔을 때 교통위반으로 티켓을 받은 일이 있다. '우선멈춤(Stop)' 사인에서 나는 분명히 섰다가 떠난 것 같은데, 요란한 사이렌 소리와 함께 불을 번쩍거리며 경찰차가 쫓아왔다. 차 등록증과 보험증, 운전 면허증을 제시하라는 경찰에게 너무 당황한 나머지, 지갑에 있는 운전 면허증만을 건네주고 차 앞쪽 서랍에 잘 보관해 놓은 차 보험증, 등록증 등은 생각이 안 나서 집에 있다고 했다. 경찰은 서너 개의 티켓을 주었다. 집에 돌아와 아는 사람에게 그 티켓을 보여 주었더니, 벌금이 엄청나고, 변호사가 가서 증명해 주지 않으면 보험이 없이 다닌 죄로 형사처벌도 받을 수 있다 했다. 벌금에 비싼 변호사비에 법정 사용료, 보험료 인상과 벌점, 법정에 가려면 하루 일을 못하는 것까지, 손해가 이만 저만이 아니었다. 벌점은 3년 동안 보험료가 올라가게 된다. 차 안에 잘 모셔 놓은 등록증과 보험증을 정신이 없어 내주지 못하고 당한 내가 너무 한심해 보였다. 이렇게 무시무시하게 처벌하는 이 미국이 두려워졌다. 그리고 미국사람들이 운전을 하면서 왜 상대방에게 먼저 양보하는지도 알 것 같았다. 한번 사고가 나거나 티켓을 받으면 그 손해가 이만 저만이 아니고, 골치 아프게 되기 때문인 것 같다.

그러나 세계의 모든 인종이 모여 사는 이 큰 나라 미국에서, 이렇게 무거운 법을 적용하지 않으면, 어떻게 감당하랴 싶다. 그래서 사람들은 경찰을 무서워한다. 경찰관이 무서운 게 아니라 그에게 주어진 법적권한이 무섭기 때문이다. 만약, 경찰의 요구에 불응하게 되면 아무리 사소한 잘못이라도 일단 그 자리에서 수갑을 채워 연행되며, 심지어 경찰자신이 위험하다고 생각되면 총격을 가할 수도 있다. 공익질서를 지키려는 법이 너무나 무겁게 적용되는 것을 본다. 모르긴 하나, 각 분야에 수많은 법으로 이 나라를 통치할 것이다. 내가 아는 건, 내가 이곳에 살면서 피부로 느낀 극히 적은 일부일 뿐이다.

요즘 한국뉴스를 보면 여기 미국에서는 상상도 못할 장면이 비춰짐을 보고 안타까움을 느낀다. 노조의 불법 시위를 보며 '이 나라가 법이 있는 나라가 맞나?'라는 생각을 하게 된다. 회사가 망하게 생겨도 직원을 해고할 수 없고 공장을 점거하고 위험한 무기로 경찰을 위협해도 보고만 있는 정부가 이해되지 않는다. 왜 이렇게 되었는지, 민주주의의 법은 그 나라 안에 사는 국민을 위해서 만들어졌음은 두 말할 필요도 없다. 그러나 국민들은 법을 무시하며, 법을 집행하는 사람들 위에 서려는 듯 보인다. 하기사 법을 만드는 국회에서조차 볼썽사나운 추태로 법을 깔고 뭉개니 법이 땅에 떨어지는 게 아닌가 싶다. 이제, 누구나 반드시 지켜야 할 것이 법임을 모든 국민이 각성하여 경제 선진국에 걸맞은 멋진 국민이 되어야 하지 않을까?

법은 모든 국민의 서로 다른 개인적인 욕구를 다 만족시킬 수는 없다.

바라기는, 국민에게 신뢰받는 정부가 되고, 국민을 위한 올바른 법이 세워지는 나라, 그 법을 온 국민이 지키므로 공정하게 모두에게 그 혜택이 돌아가는 건강한 조국이 되었으면 좋겠다.

5학년 3반 선생님

1960년대만 해도 내가 사는 서울의 변두리에는 학교가 별로 없었다. 학교는 매일같이 새로 전학 오는 학생으로 넘쳐났다. 운동장 한 쪽에는 가건물을 지어 임시 교실로 사용하였고 본관 뒤쪽으로도 교실을 짓느라 어수선 했다.

난 매일 예닐곱 정거장되는 학교를 걸어서 가곤했다. 하교길엔 아침에 어머니가 버스를 타고 가라고 주신 차비로 사탕도 사먹고 말린 스루메(오징어)다리도 사서 씹으며 오는 길은 재미있었다. 아이들이랑 들길을 지날 때는 넓디넓은 파란 밀밭, 보리밭 사이에서 숨바꼭질을 하고, 밭고랑 사이를 뛰어 다니며 까맣게 익은 풀 열매도 따먹곤 했다.

그 길에는 약 1킬로미터 간격으로 커다란 정자나무가 두 그루 있었다. 우린 조금 작은 나무를 암놈이라 불렀고, 큰 나무를 수놈이라 불렀다. 우리는 대개 그 수놈 정자나무 밑에서 놀기를 좋아했다. 땅 바닥에 둥그런 큰 원을 그려놓고 조그만 돌을 엄지와 장지 손가락으로 튕겨 나간만큼 손을 쫙 벌려 금을 그어 내 땅을 만들던 땅따먹기는 참 재미있었는데, 상대 동무의 큰 손 때문에 작은 손으로 그리는 내 땅은 늘 작기만 했다.

그래서 난 지금도 땅 따먹기로 돈 버는 재주가 없나보다. 어느새 해는 서쪽으로 한참이나 기울어 가고 그제서야 우린 서둘러 집으로 내달리곤 했다.

그때 나는 5학년 3반이었다. 담임선생님의 성함은 이해열 선생님이라고 기억된다. 아마, 선생님은 그때 올드미스였다고 알고 있다. 얼굴은 둥근 편이었고, 앞니 사이에는 가늘고 노란 금으로 땜을 한 것으로 기억된다. 미술시간에 밑그림을 못 그려 쩔쩔 매는 내게 등 뒤로 조용히 다가오셔서 내 손 위를 겹쳐 잡고 밑그림을 그려 주시던 선생님. 그때 선생님의 가늘고 하얀 손가락은 얼마나 고와 보이던지. 손톱 밑에 때가 잔뜩 낀 내 손이 부끄러워 내 얼굴은 벌겋게 불이 타는 듯했다.

언젠가 5학년 전체 산수시험에서 우리 반은 점수가 제일 나빴다. 선생님은 처녀라서 그런지 평소에는 거의 매를 들지 않으셨고 한 번도 큰소리로 야단치는 일도 없으셨는데, 그날은 무척 화를 내셨다. 방과 후에 모두 남아 각자 틀린 갯수대로 맞는다고 하셨다. 아이들은 벌써부터 손바닥을 비비고 불며 맞을 준비를 열심히 하고 있었다. 난 더욱이 맨 앞에 앉으니 먼저 맞아야 했다.

드디어 종례 시간에 선생님이 들어 오셨다. 아이들의 시선은 모두 선생님이 들고 계신 매에 쏠려있었다. 내 차례가 되었다. 난 마음의 준비를 단단히 했음에도, 너무 떨리고 무서워 눈을 꼭 감았다. '딱' 손바닥에 닿는 따끔한 아픔과 함께 '이제 끝났다' 하는 안도감으로 난 오히려 맞고 나니 홀가분한 기분이 되었다. 다른 아이들의 맞는 모습을 교실 한 쪽에 서서 여유롭게 구경하는 일만 남은 것이다.

한 열 대, 여섯 명까지 때리셨을까? 갑자기 선생님은 때리던 매를 내던지시고 손으로 얼굴을 감싼 채 울면서 뛰어나가셨다. 우린 의외의 상황에 놀랐다. 나머지 50여 명의 아이들은 좋아라 소리 지르지 않았고, 그대로 머리를 숙인 채 숙연히 앉아 있었다. 우는 아이도 있었다. 어느새, 나도 따라 울고 있었다. 아이들은 천방지축 철부지만은 아니었다. 우린 선생님께서 왜 우리를 때려야 하는지를 알고 있었다. 그리고 울며 뛰쳐나가시던 선생님의 모습을 지금까지 존경으로 가슴에 담아 놓고 있다. 내가 만난 많은 선생님들 중에 늘 그분의 이름이 또렷이 남아 지워지지 않는다.

물론, 그날 하교 길에서는 아무도 정자나무에서 놀다 가자고 하는 아이가 없었다. 그때 한참 아이들이 즐겨 먹던, 아까시꽃이 달콤한 향내를 바람에 실어 뿌려주고 있었다. 튀긴 옥수수처럼 벙거진 먹음직한 아까시꽃이 우리를 불러댔지만, 우리는 그냥 집으로 갔다.

졸 업

조카의 유치원 졸업식에 참석했다. 무대 위엔 막이 내려져 있었고 어디서 아이들의 합창이 계속 들려왔다. 졸업식은 예정 시간보다 20~30분이나 지나서야 시작됐다. 막이 열리니 그 곳엔 졸업생들이 빼곡히 앉아 있었고 계속 노래를 부르고 있었다. 난 여태 녹음테이프를 틀어 놨는가 했더니 생음악으로 듣고 있었던 것이다. 아이고, 얼마나 목이 아플까 안타까워하는 내 마음과는 달리 그들은 피곤한 기색이 조금도 없는 표정으로 병아리 같은 입을 쫑긋쫑긋 벌리며 신나게 노래를 계속하고 있었다.

드디어 어느 예쁜 선생님의 사회로 졸업식이 시작되었다. 원장선생님은 일일이 아이들의 이름을 불러 졸업장을 주었다. 내 조카아이도 졸업장을 받아들고 학부형 석을 한번 쓰-윽 둘러보더니 제자리에 가 앉는다. 앞니가 아래위로 다 빠져서 웃지도 못하고 입을 꼭 다물고 있는 아이를 보니 속으로 웃음이 나왔다. 졸업 가운에 사각모를 쓴 모습이 제법 의젓해 보였다.

가르쳐 주신 선생님들의 인사도 끝나고 졸업생들과 재학생들이 졸업가를 부르는 순서가 되었다. 아이들은 제 식구들을 찾느라 눈을 이리 저리 굴리며 노래는 건성으로 따라 하고 있었다. 그중에 어느 여자아이 하나가 졸업가를 부르다가 손으로 자신의 눈을 연신 훔쳐 내고 있었다. 그리고는 좌우에 있는 다른 아이들의 눈을 살피고 있었다. 왜 나만 눈물이 나오는 걸까? 하는 모습이다. 그 아인 졸업의 의미를 알고 우는 것일까? 식구들이 준비해온 선물에만 관심이 가 있을 다른 아이들과 달리 그 아이의 감성이 남다름에 사람들은 입을 모은다.

우리 다시 만날 때/ 그땐 더 좋을 거야
그땐 네 고운 손 위에/ 으 음 입 맞출 거야
안녕 안녕 오늘은 안녕/ 그 땐 네 고운 손 위에
으 음 입 맞출 거야.

우리 다시 만날 때/ 그땐 더 좋을 거야
그땐 네 고운 볼 위에/ 으 음 입 맞출 거야
안녕 안녕 오늘은 안녕/ 그땐 네 고운 볼 위에
으 음 입 맞출 거야.

난 이 단순한 곡조의 노랫말 속에서, 맑은 햇살 아래 펼쳐진 넓은 초원을 보는 것 같은 평화로움과 따뜻함을 느꼈다. 미래를 향한 꿈과 자신감, 그리고 사랑과 우정이 함축된 노래 속에서 앞으로 그들의 인연이 엮어갈 '가을 동화' 같은 인기 드라마를 얼마든지 그려볼 수 있었다. 그들의 당당하고 사랑스러운 미래가 보이는 것 같아 내 얼굴에 행복한 미소가 번져난다.

난 집에 돌아 와서도 그 졸업 노래를 계속 흥얼거리고 있다. 내 여고 졸업식에서 하셨던 이사장님의 졸업식사가 생각이 난다.

"어디서든 필요한 사람이 되어라."

"여자지만 자기의 능력을 썩히지 말아라."

힘없고 가난한 나라가 무력하게 당해야 했던 질곡의 역사를 지나온 노 선각자의 희망은 2세 교육이었으리라. 여성들도 폐쇄되어 교육 받지 못한 무지에서 깨어나 능동적인 사고로 살아야 함을 당부하셨던 것으로 기억된다.

오늘 유치원에서 울던 그 아이처럼, 내가 졸업하던 그 시절에는 졸업식이 끝나고 졸업 노래를 부를 즈음이면 여자졸업생들은 거의 다 울었다. 수년을 함께했던 사랑하는 친구들과의 이별은 슬픔이었다. 전란(戰亂)통에 태어나 전쟁이 어떻게 생겼는지는 모르지만, 그때, 전후(戰後)의 60년대는 다 어려웠다. 그 눈물 속엔 어려운 중에 공부시키느라 고생하신 부모님에 대한 고마움과 아이들의 힘겨워 하는 아픔들을 함께 아파해 주셨던 선생님께 대한 감사도 들어 있었다. 이제, 성인이 되어 구속에서 해방된다는 기쁨보다는 안온한 교정을 떠나 사회인으로서, 보다 어려운 출발선에 서서 스스로를 개척하고 스스로를 구속해야 하는 무게도 실려 있었으리라.

사람들은 살아가면서 몇 번의 졸업을 하게 된다. 출발 신호를 기다리는 달리기 선수처럼 그들의 발밑엔 하얀 분필로 또다시 새로운 출발선이 그려지게 된다. 그리고 각자의 환경이나 능력에 관계없이 출발시간은 같다. 그것은 어쩌면 불공평한 일인지도 모르겠다. 앞서 결승선을 밟은 아이 뒤로 한참 뒤처져 힘들게 달리는 아이도 있을 것이다. 사람들은 모른다. 뒤처진 그 아이의 환경이나 아픈 어려움들을…….

그를 부축해 일으켜 주고 그 손에 입 맞춰줄 친구가 곁에 함께한다면, 수채화처럼 맑고 아름다운 그림이 그려지게 될 수 있으리라.

사모곡(思母曲)

내가 시집오던 해에 어머님은 일흔이 넘은, 머리가 하얗게 쇤 노인이었다. 어머니는 서울서 혼자 직장에 다니는 막내아들 뒷바라지를 하느라 한번 아들에게 오면 몇 달씩 계시다 가곤 했다는데, 이젠 신혼 단칸방인 탓에 오래 머무를 수가 없게 되었다. 아쉬운 듯 돌아서 가시는 어머니의 뒷모습이 내 맘에 자꾸만 죄스럽게 여겨져서 마음이 편치 않았다.

그해 겨울이 깊어질 무렵 어머니가 병환이 나셨다는 소식을 들었다. 나는 주저하는 남편의 등을 떼밀어 어머니를 모셔오게 했다. 그런데 마음과는 달리 어른을 모시는 일이 쉽지만은 않았지만, 연로한 어머니를 내 집에 계시게 한 것만으로도 마음이 놓였다. 그렇게 13년을 같이 살며 우리 아이들은 할머니의 사랑을 듬뿍 받으며 자랐다.

그날도, 여느 때처럼 마침 식은 밥이 있어 끓여서 어머님과 아이들이랑 둘러앉아 점심을 먹었다. 상을 치우고, 난 급한 일로 나갔다가 돌아와 보니 어머니는 의식이 없이 누워계셨다. 여든셋의 연세임에도 허리도 굽지 않고 별 아픈데 없이 지내왔는데, 아무리 불러도 어머니는 거짓말처럼 꼼짝도 하지 않는다. 그렇게 창백한 모습으로 누워계신 어머니를 밤새 지키며 난 어머니께 잘못해드린 일들만 꼬리를 물고 떠올랐다. 입원을 했지만 노환으로 조금도 회복되지 못하고, 쓰러지신 지 열흘 만에 마지막 숨을 거두셨다.

죽음은 그렇게 허망한 것인가. 한마디 뭐라 말씀드릴 사이도 없이 서둘러 가는 것이 부모로구나. 안타까움으로 가슴 한쪽이 텅 비인 느낌이었다.

언젠가, 아이들 학교 운동회가 끝나고 집으로 돌아오며 아이스케키를 하나씩 먹으며 왔는데 집에 도착한 어머니가 하나 더 먹으라며, 당신 손수건을 펴서 6살짜리 손자에게 무엇인가를 내밀었다. 손수건이 다 흡입해 버리고 뼈대만 남은 아이스케키였다. 찬 것을 별로 좋아하시지 않으시기도 했지만, 손자를 위해 남기셨을 것이다. 집이 학교에서 멀지는 않았으나 오는 도중 녹을 것은 당연했다. 그때는 어이가 없어 그냥 웃었지만 그런 어머니의 사랑이 잊혀지지 않는다.

호상이라고 조객들은 여기저기서 웃으며 환담을 나누고 있었다. 태울 유품을 정리하려고 어머님 장롱을 열었다. 갓 시집와서 만들어 드렸던 감색 외투가 아직도 그대로 새 것 같다. 만나는 사람마다 막내며느리가 만들어 주었다고 자랑하던 어머니. 광목 허리끈에 무언가 매달려 있는 것이 보여 풀어보니 반지 계를 들어 사드렸던 금반지였다. 공수래공수거라 했나, 닳는다며 잘 끼지도 않으시더니 모두 놓고 가셨다. 그래서 그곳은 평화롭다던가. 너도 나도 모두 알몸뿐이니 더 가지려고도 부러워할 것도 없으니, 다툼도 욕심도 생기지 않을 것은 당연하겠다 싶다. 어머님은 이제 평안하실까? 큰아들을 앞서 보내고 그 손주들 때문에 그토록 애를 끓이더니, 어찌 눈을 감으셨을까?

열여섯 어린 나이에, 부인이 아기를 낳다가 숨을 거둔 민씨 가문의 재취로 들어와 모진 세월을 살아야 했던 어머니, 이제 그의 애환이 서려있는 시골마을 회당 앞에서 마지막 재가 올려진다.

상두꾼의 구성진 넋두리가 온 마을에 잦아든다. 갈듯 말듯 못내 발을 떼지 못하는 꽃상여 끈에 누군가 또 지폐를 끼워 넣는다. 들밥을 머리에 이고 수없이 오가셨을 농로를 지난다. 누렇게 익은 벼이삭이 잔바람에 흔들리고 있다.

어머니, 편히 잠드소서.

이민생활의 발견과 깨달음의 미학

정 목 일
(한국수필가협회 이사장. 한국문인협회 부이사장)

1.

재미수필가 이경애는 2009년 「주덕 가는 길」로 『뉴욕문학』 신인상, 2010년 「거위소동」 「아우라지 강변 추억」으로 월간 『한국수필』지의 신인상을 받고 등단한 작가이다. 미국동부문인협회 수필분과위원장으로 등단 6년 만에 처녀 수필집을 상재한다. 이 수필집에는 20여 년의 이민생활을 고스란히 담겨 있다. 이 수필집 속엔 이민 1세로 고국에 대한 향수와 그리움 속에 살아온 모습과 삶의 성찰, 인생의 발견과 깨달음을 담아놓았다.

픽션인 시와 소설과는 달리 논픽션인 수필은 작가의 체험을 쓴 진실의 세계이기에 '수필은 곧 작가의 삶'이 아닐 수 없다. 수필집

한 권을 내는 일은 수필가의 삶과 인생 모습을 그대로 거울에 비춰놓은 것과 다름없다. 픽션문학은 대개 작가의 상상력과 기교, 재능에 따라 성패가 좌우되지만, 수필의 경우엔 인생의 경지에 따라 달라진다. 좋은 인생에서 좋은 향기가 나고, 정갈한 마음에서 평온과 미소가 흐르는 법이다.

수필의 경우는 자신의 체험과 사실을 바탕으로 인생의 발견과 의미를 담는다. 자신이 주인공이고 작가다. 자신의 삶이 글의 재제가 된다. 생활인의 삶은 대개 사소하고 평범하다.

소설은 가상의 세계에서 온갖 흥미로운 재제와 구성을 동원하여 독자를 사로잡을 수 있지만, 수필은 '사소하기 짝이 없는 일상의 체험'으로 독자의 마음을 어떻게 끌어당길 수 있을까? 이것이 수필의 화두다. 소설이 상상력과 테크닉에 의해 성패가 좌우된다면, 수필은 작자의 삶과 인생에 의해 성패가 좌우된다. 인생경지가 곧 수필경지가 된다. 수필쓰기는 인생의 토로와 고백성사(告白聖事)이기에 인생이 곧 악기이고 종(鍾)에 해당된다. 인생이란 악기가 훌륭하여야만 소리가 훌륭할 것이고, 인생이란 종이 좋아야만, 소리도 좋을 것이다. 인격에서 향기가 나야 문장에서 향기가 나며, 덕망이 있어야 문장에서 온기가 흐른다.

좋은 수필 한 편을 만난다는 것은 좋은 인생과 고결한 영혼의 발견이며 만남이다. 현대엔 물질은 풍요하나 정신은 황폐하고, 지식은 충만하나 지혜가 부족하다. 재주는 범상하나 인격이 부족하고, 교사는 있으나 스승을 찾기 어려운 시대다. 인생 연마와 정신적인 수양을 위해 애쓰는 사람은 드물고 성공, 처세, 재테크 등에 열을 올리고 있다. 문장에서 매화 향기가 나고 깨달음의 종소리가 울리는 수필을 찾아보기 어려운 이유가 여기에 있다.

재미수필가 이경애의 작품은 이성보다는 감성에 닿아 있고, 번잡보다는 평온의 경지를 지니고 있다. 치열함보다는 성찰과 여운을 보여준다. 서정수필의 전개를 통한 삶의 성찰과 의미를 꽃피워 보려는 자세를 견지하고 있다. 자연 예찬과 계절의 서정, 한국 생활에서의 잊을 수 없는 추억과 회상을 감성의 현(絃)으로 울려주고 있다. 이민 20여 년이 지났건만 가슴 속에 지닌 한국의 고유한 서정 음률을 고스란히 지니고 있다. 미국에서 이민자의 삶을 살고 있으면서도 한국인의 정체성과 감성을 그대로 노출시키고 있다.

오늘날은 한국인은 한반도뿐만 아니라, 국경을 초월하여 세계 각국에서 삶의 환경을 달리하며 살고 있다. 우리나라도 다민족이 들어와 살아가고 있다. 한국문학도 국경을 초월하여 세계 각국에서 행해지고 있다. 한국문학이란 한국어로 쓴 문학작품을 말한다. 재미수필가들이 영어권에서 한국어로 수필을 쓰는 행위는 고독한 일이지만, 한국문학의 세계화에 일익을 담당하는 일이기도 한다. 해외 동포로서 한국에서의 체험과 추억들을 잊혀지지 않게 '수필'을 통한 영원장치로 남겨놓고 싶은 것은 인간 본성이며 삶의 개달음이다. 이경애 재미수필가의 수필쓰기는 일회성 삶을 살 뿐인 인간으로서의 유일한 영원화 작업이 아닐 수 없다. 그러므로 수필쓰기는 무엇보다 엄숙하고 진지한 작업이랄 수 있다. 이경애 수필가는 프랑스의 시인 랭보가 말한 '작가는 견자(見者)'라는 말과 부합되는 자세를 보여준다. 견자(見者)는 보는 사람, 즉 관찰자라는 뜻이다. 작가는 견자이기 때문에 자신의 삶을 성찰하면서 사회현상을 관찰하기 위해 항상 깨어 있어야 한다. 관찰의 목적은 기록을 위한 것이다. 작가의 사명은 항상 깨어 있어야 한다. 관찰과 기록을 통해 잘못을 바로 잡고 함께 잘 살 수 있는 사회건설을 위해 방향과 방법을 제시하는 책무를 지닌다.

이경애의 수필은 사회성을 다룬 측면보다는 인생의 성찰과 자연과 계절에 대한 감수성, 고국에서의 추억, 여성으로서의 체험영역으로써 주부, 어머니, 할머니로서의 존재의 의미와 깨달음을 꽃피워 놓으려 했다. 미국에서 한글로의 수필쓰기는 자연스레 한국인의 정체성과 연계되어 흘러간 한국 정서의 뿌리와 가락을 되살려 주고 있다.

이경애의 수필세계는 온화하고 흔들리지 않은 안정 속에 일상의 발견과 삶의 깨달음을 꽃피워 내고 있다. 기적, 웅대함, 화려함을 바라지 않고 평범함 속의 비범함, 보통 속의 특별함, 사소함 속의 의미성을 찾으려는 안목이 있다. 삶의 성찰과 일상을 바라보고 느끼는 안목이 있다. 누구나 일생이 특별, 기적, 성공, 화려하길 바라지만, 대개 소박, 무 변화, 평범함으로 이어지고 있음을 느낀다.

젊었을 적에는 이런 일상이 무의미하기만 해서 견딜 수 없는 기분에 사로잡히지만, 나이가 들수록 신상에 큰 변화가 없는 것이야말로 다행스런 일임을 알게 되는 법이다. 무 변화의 일상 속에서 삶의 의미와 가치를 찾아내는 눈이 필요하다. 관찰의 눈, 지혜의 눈, 감성의 눈을 밝혀야 한다.

이경애 수필가는 감성과 심성의 눈이 맑고 밝다. 무변화한 일상에서 '지금 이 순간'의 의미와 가치를 발견할 줄 아는 눈이 있다. '지금 이 순간 나는 어디에 서 있으며 무엇을 하는가?'라는 자문자답을 통해, 자신에게 부여된 일을 찾아내고 의미를 부여한다. 이것이야말로 삶의 깨달음이며 존재의 의미가 아닐 수 없다. 또한 눈이 깊어서 보이지 않는 것을 볼 줄 안다.

18세기 독일의 시인 노발리스는 '보이는 것은 보이지 않는 것에 닿아 있고, 들리는 것은 들리지 않는 것에 닿아있고, 생각나는 것은 생각나지 않는 것에 닿아 있다.'고 했다. 보이는 것, 들리는 것, 생각나는 것을 가지고 글을 쓴다는 바깥의 모습만을 표현하는 데 그치는 것이므로 평범하고 보편성을 벗어나지 못한다. 자신만의 창의성과 특별성을 지니려면 보이지 않는 것, 들리지 않는 것, 생각나지 않는 것을 발견할 줄 알아야 한다. 이런 안목을 지니려면 바깥만을 보지 않고 내면을 볼 줄 아는 눈을 가져야 한다. 그런 눈을 가지려면 한 사물을 바깥만을 보고 평가할 게 아니라, 한 사물의 마음과 영혼을 보기 위해서는 대상을 열렬히 사랑할 때까지 오랜 통찰과 대화의 시간을 가져야 하는 법이다.

이경애의 서정수필이 사소한 일상 속의 체험에 불과하지만, 정겹게 마음에 닿아오는 연유는 자신이 택한 소재들과 오랜 시간 동안 마음의 대화를 통해 공감의 경지에 닿았기 때문일 것이다. 그런 까닭으로 이경애의 수필은 참신하다기보다는 정겹고, 특별하다기보다는 편안하게 닿아온다. 소박하고 평범함 속에 발견하는 번쩍이는 지혜가 있고, 삶에 대한 달관과 온화한 미소가 있다. 다정하게 닿아오는 풀꽃 같은 눈인사가 있다. 치장하지 않아 정감이 가는 순수가 있다.

2.

이경애는 수필쓰기의 효용성을 삶에 잘 활용하고 있다. 수필쓰기와 숨결을 잘 맞춰 감으로써 자신의 삶을 조절하고 의미를 부여할 줄 안다.

수필가는 수필을 쓰면서 곧잘 인생을 들여다보는 순간임을 느낀다. 젊었을 때는 위대하고 성대한 것만 바라보려고 한다. 특별하고 찬란한 인생, 무지개 같은 삶을 살길 바란다. 행복이란 먼 곳에 있는 게 아니다. 한심스럽다고 생각하는 그 순간, 변화가 없어서 답답하게 여겨지던 순간이 가장 소중한 때였음을 모른 채 지내버리고 만다. 눈앞에 닥친 바로 이 순간의 발견과 가치를 꽃피워내지 못한다. 수필쓰기는 지금 이 순간의 행복과 삶의 가치를 일깨워준다.

수필을 쓰면서 느끼는 보람은 순수와 진실이란 무엇인가를 알게 된다는 점이다. 거짓되지 않고 허황되지 않은 삶의 자세를 가다듬을 수 있다. 수필쓰기는 때 묻지 않고, 얼룩이 묻지 않도록 순수한 영혼을 지닐 수 있는 세정제(洗淨劑)가 돼준다. 눈이 흐려지지 않게 온화한 미소가 어리도록 마음을 정화시켜 주는 안내자가 돼준다.

수필을 쓰면 깨어있음을 느끼게 된다. 내 인생의 시계 초침소리를 들으며, 과연 지금 어디에서 무엇을 하고 있는가를 생각하게 만든다. 인간은 타고 날 적부터 어디론가 숙명의 길을 가는 여행자임을 느낀다. 과연 내 소임은 무엇이며 제대로의 길을 가고 있는 것일까. 게으르고 어리석은 시간 낭비자가 아니었던가. 스스로 뒤돌아보게 만든다.

수필을 쓰면서 행복해짐을 느낀다. 꽃향기 실어오는 산들바람을 맞으며 숲길로 산보나선 사람처럼 걷고 싶어진다. 편안하게 들길 산길을 걸어 들꽃이랑 숲과 만나고 싶다. 누구나 자연에서 왔다가 자연 품으로 돌아가지 않는가. 순수한 자연의 정서와 아름다움을 가슴에 안고 싶다.

세우(細雨)에 묻어온 봄바람이 여기 저기 색을 칠하며 다닌다. 잎사귀 하나 없는 마른 나뭇가지마다 갖가지 화려한 꽃들이 부풀어 오르고, 거리엔 날마다 다른 색의 그림이 내어 걸린다. 벚나무, 사과나무, 붉은 자두나무, 복숭아나무 등 갖가지 나무들이 자신에게 주어진 순서대로 그렇게 꽃을 피우고 진다.

더운 김 오르던 들녘에서 동무들과 쑥, 냉이, 달래를 캐어 소쿠리째 냇물에 담가 흙을 씻어내던 내 유년의 봄이 아련하다. 서울 변두리, 수색역에서 변전소 쪽으로 더 가다 보면 넓은 딸기밭이 펼쳐져 있었다. 교회 청년부에서 봄이면 그곳으로 나들이를 가곤 했다. 무성한 초록 잎새 사이에 빨갛게 익은 딸기를 따 먹던 기억이 아직도 선명하게 다가온다.

-「꽃 피는 날」 일부

미 동부의 날씨가 연일 100도를 웃도는 불볕더위로 이어지고 있다. … 중략…

들에는 연둣빛 낟알들을 가득 품은 벼 목이 올라오고, 넓은 감자밭 이랑마다 우거진 초록 잎새 위엔 하얀 감자꽃이 피어난다. 내리쬐는 따가운 태양빛에 옥수수수염이 누렇게 타서 늘어질 때면, 마을은 숨을 삼키고 땅에 낮게 엎드린다. 낮은 흙담울타리 아래 까마중나무 열매가 까맣게 익어가고, 뒷 창을 열어 툭 터진 대청마루엔 간간이 살랑살랑 부는 맞바람에 목침을 베고 누운 할아버지는 오수(午睡)에 드셨다. 때 만난 매미들만 여기저기 목청껏 매엠, 매-엠 울어댄다.

-「매미소리」 일부

언제였던가, 고국의 내가 사는 동네와 가까웠던 서오릉 숲속에서 도토리를 줍던 생각이 난다. 그때, 나보다 먼저 왔다간 사람들이 많아 내 몫은 몇 개 남아 있지 않아 아쉬웠던 일이 떠올라 도토리 몇 개를 주워 보았다. 하나를 깨물어 쪼개보니 노란 속살이 통통하다. 길 위에 떨어진 도토리를 무심히 밟고 가는 사람들 속에서 아까워하는 내 마음이 도토리와 함께 밟히고 있다.

-「가을 수채화」 일부

"어쩌면, 조물주의 완전한 창조와 운행이 얼마나 완벽한가를 느꼈어요."

왜? 나무들이 겨울이 오기 전 모든 잎을 떨어뜨리고 맨 몸이 되는지 알 수 있었노라 했다. 그 말에 나도 공감하며 큰 깨달음을 얻는다. 겨울이 오기 전, 눈이 내리기 전, 모든 잎을 떨어 뜨려야 한다. 살기 위해 버려야한다. 버림은 생존을 위한 수단이었다. 새로운 창조를 기다리는 희망이었다.

자연은 새봄이 오면 다시 태어나리라는 창조주의 약속을 알고 있다. 그것은 창조주가 그의 피조물들을 향한 운행방식이며, 내가 가늠할 수 없는 그의 사랑법이었다.

-「버림」 일부

이경애는 타고난 계절에 대한 감성을 지닌 수필가이다. 「꽃 피는 봄」(봄), 「매미소리」(여름), 「가을 수채화」(가을), 「버림」(겨울)은 사계(四季) 정서를 수필로 담은 작품으로 미국과 한국의 계절 풍경과 정감을 비교, 대조의 기법으로 그려내고 있어 서정수필가의 면모를 보여준다. 그의 수필에선 계절의 서정, 풀, 꽃, 나무 등 자연에 대한 관찰과 감성, 가정과 가족에 기울이는 사랑법이 조화의 빛깔과 향기를 내고 있음을 본다.

3.

이경애의 수필쓰기는 미국 이민자로서의 한국인으로 또한 수필가로 정체성을 지키면서 삶의 성찰을 통한 인생의 발견과 깨달음을 통해 세월에 퇴색되어 사라지지 않는 의미와 가치를 남기고자 한다. 이경애 수필가는 자신이 나무라면, 가을 나무가 되어 있음을 자각하고 있다. 나무는 어떤 생명체보다 계절과 자연 순환에 민감하게 대응한다. 가을 나무는 단풍으로 절정에 서지만, 곧 모든 나뭇잎들을 미련 없이 떨어뜨려 벌거숭이로 겨울을 맞아야함을 알고 있다. 겨울이 되면 일 년의 체험과 삶을 한 줄씩의 목리문(木理紋)에 새겨 남겨놓는다. 나무들은 일 년마다 한 줄의 나이테로써 삶의 전 과정을 기록으로 남겨 놓는다. 엄숙하고도 아름다운 작업이 아닐 수 없다.

이경애 수필가의 문업은 데뷔 이후 5년이지만, 연륜과 인생 경지로 볼 때 이번 처녀 수필집의 상재는 인생 전 과정의 총체성을 집약하여 보여주는 목리문이 아닐 수 없다. 더구나 미국에서 20여년간 이민자로서의 삶을 성찰하면서 이국에서의 삶을 개척하면서 안정을 얻기까지 숱한 어려움을 겪어낸 생생한 체험과 인생의 발견이 아닐 수 없다.

미국에서 겪은 첨예하고 현실감이 느껴지는 체험, 생활문화의 변화에서 오는 삶의 문제 등이 나타나지 않은 점이 있지만, 전체

적으로 온화우미한 감성과 생활을 보여 독자들로 하여금 평온과 미소를 안겨준다는 점이 장점이 아닐 수 없다. 이경애 수필가는 서정수필에 맥을 잇고 있으며 자연과 계절에 대해 섬세한 관찰과 사유, 감성으로 인간의 삶을 결부시켜 깨달음의 음률을 연주해 낸다. 인간에게 자연 대상이야말로 무한의 신비와 오묘한 조화를 지닌 세계이다. 자연 순리와 질서, 생명의 순환으로 이어지는 생명 자연율이야말로 인간이 이해하기엔 한계를 느끼게 한다. 이경애 수필가는 자연의 숨결과 변화에 따른 질서와 순리를 체득하려 애쓴다.

4.

이경애 수필가는 자연의 순환에서 보이는 순리처럼 가정에서도 이 같은 화합과 순리와 조화의 세계를 펼치려고 한다.

미국 이민자로서 20여 년간 미국생활을 영위해온 수필가이지만, 무엇보다 삶의 근본을 가정이란 공간에 설정하고 평화와 휴식과 화목을 연주해 내는 주인공으로서의 본분을 다하려는 태도를 보여준다. 바깥일을 해왔지만, 개척이나 투지 등 역동적인 삶의 활력보다는 은근하고 다사로운 여성 본분의 소임을 다하면서 인생의 의미를 꽃피워내려고 한다. 자연스럽고 여유로운 삶의 표정을 보여준다.

우리 가족이 이민 가방을 풀고 처음 정착한 곳이 미국의 중심부를 횡으로 관통하는 78번 하이웨이가 시작되는 중부 뉴저지였다. 딸아이가 들어간 하이스쿨엔 대부분 백인이었고 전체 학생 중에 동양아이는 몇 명 되지 않았다. 어느 날 역사 시간이었다 한다. 선생님은 지난 시간에, 다음에 공부할 동아시아의 역사에 대해 자료를 준비해올 것을 한국아이인 내 딸아이와 일본아이에게 각각 지시했다고 한다. 딸아이는 열심히 준비를 하는 듯했다. 도서관에서 자료를 찾기도 하고, 큰 종이에 한국에 관한 그림들도 잘라 붙이고 설명도 써넣었다.

그날, 딸아이와 일본아이가 각자 준비한 자료에 대해 간단히 발표를 한 후, 선생님은 19세기 동아시아의 전체적인 상황을 다시 간추려 주었다 한다. 1910년 일본이 강제로 한일합방 조약을 체결하고 한국의 국권을 빼앗아 식민지로 삼은 것과 1941년 일본이 하와이 진주만을 선제공격하여 미국이 세계2차 대전에 적극적으로 참여하게 되고, 1945년 일본의 히로시마에 미국의 원자폭탄이 투하됨으로 일본이 무조건 항복하여 2차 세계대전이 끝나게 되었으며, 한국은 독립을 얻게 되었다고 상세히 설명해 주었다.

그 이야기를 듣는 그 일본아이는 내 아이에게 퍽 미안한 표정을 짓더라고 한다. 두 아이는 같은 E.S.L반에서 영어를 배우며 동양인으로서의 동질감으로 가까이 지내는 사이였다고 한다. 그 아이도, 내 아이도 침략이니, 식민지니, 전쟁이니 하는 역사는 그냥 교과서의 활자일 뿐 현재로선 살갗에 와 닿지 않는 관심도 없는 일이었을 게다. 그러나 그 시대를 지나온 역사는 말하고 있었다.

한국을 침략한 나라, 세계를 상대로 전쟁을 일으킨 오만했던

> 일본, 이 땅에서는 수적으로도 훨씬 많은 미국인이나, 한국인들에게 그들은 주눅이 들어 있는 모습으로 보여졌다. 선조들이 지은 죄지만, 되돌릴 수 없는 역사가 그들을 떳떳지 못하게 하기 때문이리라. 국가든, 개인이든, 좋은 자취를 남겨야 함을 보게 된다. 나라의 국격(國格)은 국민들이 만들게 된다. 세계에 인정받고 존경받는 나라의 국민이 되도록 노력해야 할 것이다. 입시과목에만 매달리게 되며 역사공부는 뒷전이 될 수밖에 없는 조국의 현 교육제도를 보며 안타까움을 느낀다.
>
> -「지나가지만 남겨지는 것」의 일부

「지나가지만 남겨지는 것」은 이경애의 수필 중에서 드물게 역사와 사회문제에 대한 인식과 사상을 보여준 작품이다. 미국 이민자로서 한국인과 일본인이 미국교육기관에서 함께 공부를 하면서 겪는 역사인식과 현장의 모습을 다루고 있다. 일본의 한국 침략과 정복으로 한국인이 말 못할 고통을 감수해야 했던 과거사에 대해, 미국에서 함께 공부하는 일본인 학생이 조상들이 저질렀던 잘못 때문에 한국인이나 미국인 학생에게 주눅이 들어있는 모습을 보고서 국가든. 개인이든 좋은 자취를 남겨야 함'을 상기시켜준다.

이경애의 수필은 한국의 사계와 자연 서정을 대금산조에 실어 읊어내는 맑고 고운 노래 같다. 한국인의 감성을 울려주는 음률은 한과 그리움과 추억의 강물이 되어 흐르는 듯하다. 삶에서 얻은 인생의 발견과 깨달음의 꽃이 피어있다. 지금 이 순간의 성찰과 발견으로 삶속에서 의미의 꽃을 피워낼 줄 안다. 이경애의 수필 속엔 평범함 속에 비범함, 사소함 속의 특별함이 있다. 맛과 멋이 깃들어 있다.

처녀수필집 상재를 축하하며 묵묵히 수필의 길을 가길 바란다.